Collection « Ancrages »

*Ouvrage publié sous la direction
d'Anne-Marie Garagnon et Romain Lancrey-Javal*

Initiation à la rhétorique

Christelle Reggiani

HACHETTE
Supérieur

ISBN 2-01-145453-0
© Hachette Livre, 43, quai de Grenelle, 75905, Paris cedex 15, 2001.
www.hachette-education.com
Maquette/composition/mise en page : Le Saule, Paris.

Sommaire

Introduction

La rhétorique se définit comme l'*art du discours persuasif* : elle fait se rejoindre réflexion théorique et finalité pédagogique. Son intégration aux études littéraires ne va donc pas de soi : le texte littéraire peut-il être sans nuances assimilé à un discours ? Si l'on parle de discours littéraire, quel type de persuasion associera-t-on à ce discours ? Selon quelles modalités, et dans quelle finalité, la persuasion du discours littéraire opère-t-elle ?

Ces questions sont déjà celles de l'Antiquité : alors qu'Aristote avait consacré deux ouvrages distincts, la *Rhétorique* et la *Poétique*, respectivement au discours persuasif et à la création qu'on appellera plus tard littéraire (*poièsis* signifie « création » en grec ancien), d'autres auteurs ont très vite conscience que la « littérature » n'est pas étrangère à la persuasion et que, symétriquement, la composition d'un discours persuasif peut impliquer une recherche de la beauté (du bien dire) relativement autonome. De ce fait, dans les ouvrages théoriques antiques, les notions de rhétorique peuvent être illustrées d'exemples empruntés aux poètes, et certains traités latins présentent le poète Virgile comme l'orateur exemplaire. Des notions privilégiées, comme celle de sublime, sur laquelle nous reviendrons, font converger de manière particulièrement claire les perspectives rhétorique et poétique.

Nous essayerons donc, en choisissant comme champ d'application la littérature française depuis la Renaissance, de montrer par l'exemple quelle peut être l'importance, et la pertinence, de la rhétorique pour les études littéraires, y compris lorsque leur objet est une œuvre contemporaine.

Nous commencerons par présenter de manière ordonnée les principales notions formulées par la rhétorique antique (grecque et latine), avant de proposer en un bref panorama une histoire de la rhétorique jusqu'à l'époque actuelle. Les notions définies seront illustrées par un ou plusieurs exemples littéraires, variés dans leur époque et dans leur genre et accompagnés d'exercices d'application.

I
Définition(s)

1. L'art de persuader

Le philosophe grec Aristote (IVe siècle avant notre ère) montre dans sa *Rhétorique* que la persuasion visée par la rhétorique peut avoir recours à deux types de preuves, qu'il appelle respectivement *techniques* et *extra-techniques* (on parle aussi de preuves intrinsèques et extrinsèques ou, aux XVIIe et XVIIIe siècles, de preuves artificielles et naturelles).

A. Preuves techniques et extra-techniques

Les preuves extra-techniques

Les preuves *extra-techniques* (ou extrinsèques, ou naturelles) sont, comme leur nom l'indique, étrangères à l'art (à la *technique*) de l'orateur. Cette notion intervenant chez Aristote dans une réflexion qui porte sur le discours judiciaire (prononcé lors d'un procès), le philosophe l'illustre par un certain nombre d'exemples empruntés à ce contexte. Les témoignages, les aveux[1], les textes de loi apparaissent ainsi comme des éléments susceptibles d'emporter la conviction de l'auditoire (jurés, public) et qui ne sont cependant pas construits par l'orateur (l'avocat), même si leur bonne exploitation dans le procès dépend évidemment du talent de celui-ci.

Les preuves techniques

Les preuves techniques (ou intrinsèques, ou artificielles) relèvent en revanche de l'*art* de l'orateur. On en distingue trois types différents.

B. Les trois types de preuves techniques

La rhétorique ayant pour objet le *discours* persuasif, elle aura recours à des preuves fondées sur les éléments qui définissent tout discours : les trois composantes de l'acte de communication. Il s'agit du message linguistique transmis, du *locuteur* (ou destinateur) qui énonce ce message, et de l'*allocutaire* (ou destinataire) qui le reçoit.

---

1. Sous la torture pour les esclaves : l'esclave, en effet, non citoyen, ne peut pleinement assumer sa parole. La torture, en agissant sur son corps, paraît donc un moyen d'obtenir de lui une parole spontanée, sur laquelle il n'ait aucune prise consciente, et censée formuler, pour ces raisons, la vérité pure.

a. La preuve logique

La preuve logique (ou preuve objective) concerne le premier de ces trois éléments : le message linguistique (*logos* a le sens de *parole* en grec ancien). La notion de preuve logique signifie que le locuteur cherche à persuader son allocutaire en formulant un certain nombre d'*arguments*. Ce qui implique que la rhétorique s'en tient à une conception *discursive* de la vérité : l'orateur se refuse par principe à gagner son auditoire à sa cause en faisant appel à l'évidence, ou en ayant recours à la violence. L'*argumentation*, si elle définit le premier type de preuve rhétorique, n'est cependant pas exclusivement rhétorique. Nous commencerons donc par traiter de l'argumentation en général, avant de nous intéresser à ses modalités spécifiquement rhétoriques.

L'argumentation est une technique discursive ayant pour but un transfert de croyance : l'orateur, à partir de l'adhésion que son auditoire accorde déjà à certaines assertions (énoncés déclaratifs, affirmatifs ou négatifs), les *prémisses*, s'efforce, par l'enchaînement de ses arguments, de faire passer cette adhésion à la *conclusion* qu'il défend. On constate que la notion de prémisse se définit elle aussi en terme de croyance : les prémisses sont les assertions dont l'orateur *suppose* que son auditoire les tient pour vraies.

Exemple

« Aujourd'hui, *pour la première fois*, toutes les nations – au temps même où beaucoup d'entre elles poursuivent une guerre secrète ou proclamée – sont appelées à sauver ensemble les œuvres d'une civilisation qui n'appartiennent à aucune d'elles. Au siècle dernier, un tel appel eût été chimérique. Non que l'on ignorât l'Égypte ; on pressentait sa grandeur spirituelle, on admirait ses monuments. Mais si l'Occident la connaissait mieux qu'il ne connaissait l'Inde ou la Chine, c'était d'abord parce qu'il y trouvait une dépendance de la Bible. (…) En 1890 comme en 1820, l'Occident, qui se souciait d'étudier l'Égypte, ne se fût pas soucié d'en sauver les œuvres. »

André Malraux, « Pour sauver les monuments de Haute-Égypte »,
Oraisons funèbres.

L'idée qui fonde le début de ce discours, parce que l'orateur la suppose partagée par son public, est une notion simple : celle de patrimoine culturel. On peut la formuler de la manière suivante : les œuvres d'une civilisation méritent d'être préservées. Or, toute prémisse, dans la mesure où elle est une croyance partagée, relève précisément du culturel : les prémisses possibles dans la société grecque antique ne sont pas les nôtres. Le discours de Malraux se poursuit en rappelant le caractère extrêmement récent de l'extension de la notion de patrimoine collectif (qui date elle-même du XIXe siècle) aux cultures non européennes.

Pour obtenir ce transfert d'adhésion, toute argumentation peut procéder de deux manières différentes : par *induction* ou par *déduction*.

• **Le raisonnement inductif** : l'induction consiste à tirer une conclusion d'un certain nombre d'exemples, à aller du particulier vers le général.

Exemple

> Ah ! de vos premiers ans l'heureuse expérience
> Vous fait-elle, Seigneur, haïr votre innocence ?
> Songez-vous au bonheur qui les a signalés ?
> Dans quel repos, ô ciel ! les avez-vous coulés !
> (…)
> Un jour, il m'en souvient, le Sénat équitable
> Vous pressait de souscrire à la mort d'un coupable ;
> Vous résistiez, Seigneur, à leur sévérité :
> Votre cœur s'accusait de trop de cruauté,
> Et, plaignant les malheurs attachés à l'Empire,
> Je voudrais, disiez-vous, ne savoir pas écrire.
>
> Racine, *Britannicus*, acte IV, scène 3 (Burrhus s'adresse à Néron).

Le raisonnement de Burrhus (le précepteur de Néron) est dans ce passage fondamentalement inductif : l'anecdote qui rappelle l'« innocence » de Néron par le biais d'un bref récit et de la citation d'une parole exemplaire (« un jour ») est là pour suggérer une continuité dans le temps du caractère vertueux de Néron, et donc pour rendre inacceptable le meurtre projeté de Britannicus.

• **Le raisonnement déductif** : la déduction consiste à passer d'une proposition à une autre en vertu de liens logiques.

Exemple

« Tout ce que j'ai reçu jusqu'à présent pour le plus vrai et assuré, je l'ai appris des sens, ou par les sens : or j'ai quelquefois éprouvé que ces sens étaient trompeurs, et il est de la prudence de ne se fier jamais entièrement à ceux qui nous ont une fois trompés. »

Descartes, *Première méditation.*

Le raisonnement déductif prend appui sur les conjonctions de coordination *or* et *et*, la conclusion restant ici implicite. Elle est très aisément restituable par le lecteur : « il convient de ne pas se fier aux sens. »

L'argumentation rhétorique va bien sûr user de ces deux modes de raisonnement : après Aristote, on appelle généralement *exemple* l'induction rhétorique, et *enthymème* la déduction (ou syllogisme) rhétorique.

- **L'exemple** : l'extrait de *Britannicus* que nous venons de citer met en œuvre un *exemple*, en présentant comme un modèle la conduite passée de Néron.

- **L'enthymème** : l'enthymème, ou déduction rhétorique, se différencie des autres modes déductifs par la nature de ses prémisses, et par sa concision.

Les prémisses de l'enthymème sont *vraisemblables* (ou *endoxales*), alors que les prémisses des déductions scientifiques, par exemple, sont généralement vraies (si l'on fait abstraction du cas du raisonnement par l'absurde).

La notion de *vraisemblance* est fondamentale pour la rhétorique, et la fonde d'ailleurs historiquement, dès les réflexions des premiers rhéteurs siciliens. On définira le vraisemblable comme une régularité, qui peut être d'ordre naturel ou social, non nécessaire (Aristote insiste dans sa *Politique* sur la contingence qui caractérise de manière générale le monde sublunaire). L'identification de ce qui est vraisemblable, par rapport à ce qui ne l'est pas, repose sur une expérience culturelle : est régulier ce qui est perçu comme tel dans une société donnée. Du point de vue de l'orateur, le vraisemblable sera donc ce qu'il estime être « régulier » aux yeux de son auditoire : la notion fonctionne comme une norme de sélection des prémisses et des arguments.

La vraisemblance qui fonde l'argumentation rhétorique implique la réfutabilité de celle-ci (la possibilité qu'elle a d'être contestée ou contrée) : les prémisses endoxales n'ont pour elles que l'opinion de la majorité (*doxa* signifie *opinion commune* en grec ancien), c'est dire qu'il sera toujours possible de leur trouver des contre-exemples. C'est précisément ce caractère toujours réfutable des prémisses de l'enthymème qui rend possible le *débat* définissant la sphère rhétorique.

Exemple

L'un des discours de Mirabeau à l'Assemblée constituante, « Sur la réponse du Roi à propos du renvoi des troupes » (prononcé le 11 juillet 1789), est fondé sur un enthymème qu'on peut ainsi formuler : des troupes (rassemblées sur l'ordre du Roi) entourent Paris ; or, « la présence des troupes contrarie l'ordre et la paix publiques » ; il faut donc qu'elles se retirent. Cet enthymème reprend la construction classique du syllogisme, en trois propositions : majeure, mineure (introduite par *or*) et conclusion (introduite par *donc*).

Les prémisses de l'enthymème peuvent également consister en des *signes*. Voici un exemple donné par Aristote dans sa *Rhétorique* : « Un tel a la fièvre, car sa respiration est précipitée. » Ce signe (la respiration accélérée) entretient un rapport non nécessaire avec ce qu'il désigne (comme le note Aristote, « il peut arriver que l'on soit oppressé sans avoir la fièvre »), et produit donc le même type d'argumentation réfutable qu'une prémisse endoxale.

En revanche, Aristote repère un signe tout à fait différent dans des énoncés comme : « le signe qu'un tel est malade, c'est qu'il a la fièvre » ; « le signe qu'une telle a accouché, c'est qu'elle a du lait ». Dans ces exemples, les signes entretiennent un lien nécessaire avec ce qu'ils désignent, tout simplement parce qu'ils sont en fait les signes de leur *cause* (ici biologique). Aristote appelle *tekmèrion* ce type de signe, qui apparaît comme la seule prémisse nécessaire accessible à l'argumentation rhétorique, et produit donc le seul cas d'argumentation rhétorique irréfutable.

Exemple

Ô longs désirs, ô espérances vaines,
Tristes soupirs et larmes coutumières
À engendrer de moi maintes rivières,
Dont mes deux yeux sont sources et fontaines !

Ô cruautés, ô durtés inhumaines,
Piteux[1] regards des célestes lumières,
Du cœur transi ô passions premières,
Estimez-vous croître encore mes peines ?

Louise Labé, « Ô longs désirs, ô espérances vaines », Sonnets.

Pour appuyer la thèse impliquée par le dernier vers du deuxième quatrain, celle de la souffrance extrême du *je* amoureux, Louise Labé a recours, mais en filigrane, à un schéma argumentatif particulièrement fort : la déduction fondée sur un *tekmèrion*. Le motif des larmes constitue en effet ici un quasi *tekmèrion* – du type « si elle pleure, c'est qu'elle

---

1. L'adjectif a son sens actif originel en français : « plein de compassion ».

souffre » – pour deux raisons : les larmes, manifestation corporelle, n'impliquent cependant pas une relation nécessaire de causalité (du type fièvre/maladie ou lactation/accouchement), et le caractère amoureux de la souffrance du *je* ne relève pas lui non plus d'une quelconque nécessité. Le poème maintient donc son discours dans la sphère du vraisemblable, tout en proposant à son lecteur un jeu argumentatif fermement mené, où se construit une apparence d'irréfutabilité.

L'enthymème se définit également par sa *concision*. Cette économie qui caractérise l'enthymème est liée au contexte dans lequel il s'inscrit : celui d'un discours à la fois oral et continu. Ces conditions d'énonciation impliquent en effet que l'orateur, afin de permettre à son auditoire de saisir d'un bloc l'ensemble de son raisonnement, s'en tienne aux prémisses les plus proches logiquement de la conclusion à laquelle il souhaite parvenir et, éventuellement, omette les éléments évidents de son argumentation. Si l'enthymème peut donc apparaître à l'occasion comme un syllogisme incomplet, il faut bien voir cependant que cette incomplétude n'est ni première, ni essentielle, au sens où elle ne permet pas de le définir en tant que déduction rhétorique.

Hormis lorsqu'il est fondé sur un *tekmèrion*, l'enthymème est donc toujours réfutable. Cette réfutabilité est propre à la sphère rhétorique, qui ne se propose pas de *démontrer le vrai*, mais de *persuader*, c'est-à-dire de fournir à l'auditoire des motifs raisonnables, étant donné les prémisses, d'adhérer à la conclusion.

• **La sentence** : la *Rhétorique* d'Aristote définit la *sentence* (ou maxime) comme un enthymème condensé. La sentence apparaît en effet comme un énoncé de portée générale dont la justification (l'enthymème sous-jacent) n'est pas formulée.

Exemple

« (…) rien n'est si doux que de faire sa fortune par soi-même : le premier pas coûte quelques peines ; les autres sont aisés. Il faut être économe dans sa jeunesse ; on se trouve, dans sa vieillesse, un fonds dont on est surpris. C'est le temps où la fortune est le plus nécessaire ; c'est celui où je jouis ; et, après avoir vécu chez des rois, je me suis fait roi chez moi malgré des pertes immenses. »

Voltaire, Mémoires.

Voltaire offre ici à son lecteur une leçon d'économie qui prend la forme d'une succession de sentences (« rien n'est si doux que de faire sa fortune par soi-même », « le premier pas coûte quelques peines ; les autres sont aisés », « c'est le temps où la fortune est le plus nécessaire »), dont la portée générale est clairement marquée sur le plan grammatical, notamment par l'emploi du présent de vérité générale et d'un certain nombre d'indéfinis (« rien », « quelques », « les autres »). Du point de vue argumentatif, ces sentences se présentent comme des conclusions d'enthymèmes qui restent implicites. Ainsi, l'énoncé « le premier pas coûte quelques peines ; les autres sont aisés », qui récrit un proverbe bien connu (« il n'y a que le premier pas qui coûte »), trouve une justification (à reconstituer par le lecteur) dans l'idée communément admise que seule l'adaptation à des conditions nouvelles présente de réelles difficultés à l'être humain.

b. La preuve éthique

La preuve éthique (ou première preuve subjective) concerne la deuxième composante de l'acte de communication : le locuteur.

S'il souhaite que son argumentation emporte la conviction de son auditoire, l'orateur doit en effet être *crédible* auprès de ce public. En termes contemporains, on parlerait de l'*image* de l'orateur ; les Grecs, quant à eux, utilisaient le terme d'*ethos*, qui signifie le *caractère*, les *mœurs*.

L'*ethos*, rappelons-le, constitue pour Aristote une preuve *technique* : le terme désigne les mœurs *oratoires*, c'est-à-dire construites par le discours, qui peuvent très bien n'avoir aucune relation avec le caractère réel de l'orateur, même si, fortuitement, le cas contraire peut évidemment se présenter. Comme l'écrit Aristote : « C'est le caractère moral [*ethos*] de l'orateur qui amène la persuasion, quand le discours est tourné de telle façon que l'orateur inspire la confiance. (…) Il faut d'ailleurs que ce résultat soit obtenu par la force du discours, et non pas seulement par une prévention favorable à l'orateur. Il n'est pas exact de dire, comme le font quelques-uns de ceux qui ont traité de la rhétorique, que la probité de l'orateur ne contribue en rien à produire la persuasion ; mais c'est, au contraire, au caractère moral [*ethos*] que le discours emprunte je dirais presque sa plus grande force de persuasion. » L'*ethos* est construit par l'auditeur qui, à partir d'indices textuels, va attribuer telle ou telle qualité morale à l'orateur.

On ajoutera à cette notion d'*ethos* discursif la notion d'*ethos* préalable (voir Ruth Amossy, *L'Argumentation dans le discours*), qui désigne l'image de l'orateur telle qu'elle est perçue avant sa prise de parole : l'*ethos* préalable, pris en compte par les orateurs latins (Cicéron et Quintilien notamment) puis chrétiens (en particulier Charles Borromée[1]), comporte

---

1. Archevêque de Milan qui a tenté, contre les Jésuites, de refonder l'éloquence sacrée après le concile de Trente (qui prend fin en 1563).

des composantes sociales et morales, qui dépendent évidemment de la notoriété de l'orateur.

L'image globale de l'orateur est donc déterminée à la fois par l'*ethos* préalable et l'*ethos* discursif, l'image discursive s'élaborant toujours en relation avec l'image préalable, ou plus précisément avec l'idée que l'orateur s'en fait.

Exemple

« On promenait dans des fiacres *les vainqueurs de la Bastille*, ivrognes heureux, déclarés conquérants au cabaret ; des prostituées et des *sans-culottes* commençaient à régner, et leur faisaient escorte. Les passants se découvraient, avec le respect de la peur, devant ces héros, dont quelques-uns moururent de fatigue au milieu de leur triomphe. Les clefs de la Bastille se multiplièrent ; on en envoya à tous les niais d'importance dans les quatre parties du monde. Que de fois j'ai manqué ma fortune ! Si moi, spectateur, je me fusse inscrit sur le registre des vainqueurs, j'aurais une pension aujourd'hui. »

Chateaubriand, *Mémoires d'outre-tombe*, première partie, livre V, chapitre 8.

Chateaubriand clôt son récit de la prise de la Bastille par un système hypothétique qui joue clairement le rôle d'une preuve éthique (essentiellement discursive) : en rejetant dans l'irréel la prétention mensongère à une pension, en montrant donc qu'il a refusé de profiter d'une situation confuse, l'auteur signifie sans ambiguïté à son lecteur son honnêteté et son désintéressement.

c. La preuve pathétique

La preuve pathétique (ou seconde preuve subjective) concerne la troisième composante de l'acte de communication : l'allocutaire.

L'orateur, en effet, s'il veut être persuasif, doit parvenir à susciter chez ses auditeurs des sentiments, des émotions (*pathos* désigne « ce qu'on éprouve » en grec ancien) qui les rendront favorables à sa thèse. En ce sens, les preuves éthique et pathétique entretiennent une étroite relation, dans la mesure où les émotions que manifeste le discours de l'orateur tendent à se transmettre à son auditoire.

Exemple

« Je pense qu'il y a plus de barbarie à manger un homme vivant qu'à le manger mort, à déchirer, par tourments et par gênes[1], un corps encore plein de sentiment, le faire rôtir par le menu, le faire mordre et meurtrir

1.Le terme a son sens, originel en français, de *torture*.

aux chiens et aux pourceaux (comme nous l'avons, non seulement lu, mais vu de fraîche mémoire, non entre des ennemis anciens, mais entre des voisins et concitoyens, et, qui pis est, sous prétexte de piété et de religion), que de le rôtir et manger après qu'il est trépassé. »

Montaigne, « Des cannibales », *Essais*, livre I.

Le recours à la preuve pathétique se marque ici, comme souvent, par un travail stylistique très appuyé :

• **du point de vue syntaxique** : on observe la recherche de balancements syntaxiques (corrélation comparative en « plus... que », « non seulement... mais »), ainsi que la prédominance des groupements binaires dans l'organisation de la phrase (« par tourments et par gênes », « mordre et meurtrir », « aux chiens et aux pourceaux », « des voisins et concitoyens », « sous prétexte de piété et de religion », « rôtir et manger ») ;

• **du point de vue sémantique** : on note l'importance de l'antithèse « vivant »/« mort » et, de manière plus générale, l'utilisation de termes au sémantisme fort, à très grand pouvoir de suggestion et de visualisation (« déchirer », « tourments », « gênes », « rôtir »...) ;

• **du point de vue sonore** : on remarque les très nombreuses allitérations, qui renforcent sur le plan phonique l'impact du discours (comme « mordre et meurtrir »).

Montaigne fait appel dans ce passage au *pathos*, cherchant plus précisément à susciter chez son lecteur une émotion fondamentale, mentionnée quelques lignes plus haut, l'« horreur » : il s'agit ici de transférer l'horreur du cannibalisme des Indiens du Brésil à celui de l'Ancien Monde, afin de dénoncer les violences criminelles des guerres de Religion.

La définition grecque des trois types de preuves sera considérablement reformulée par la pensée latine, pour aboutir à la notion de « devoirs de l'orateur » (Cicéron), également tripartite. L'idée est que l'orateur persuasif doit exercer sur son auditoire une triple action : l'instruire (*docere* en latin), lui plaire (*delectare*) et l'émouvoir (*movere*). Cette nouvelle typologie connut un très grand succès : elle reste centrale pour toute la littérature européenne jusqu'à l'époque moderne.

Exemple

« Nous sommes ennuyés de livres qui enseignent, donnez-nous-en pour émouvoir, en un siècle où tout zèle chrétien est péri, où la différence du vrai et du mensonge est comme abolie, où les mains des ennemis de l'Église cachent le sang duquel elles sont tachées sous les présents, et leurs inhumanités sous la libéralité. »

Agrippa d'Aubigné, « Aux lecteurs », *Les Tragiques*.

L'avis « aux lecteurs » des *Tragiques* inclut, en son tout début, une prosopopée (qui consiste à faire parler un être ou une idée privés en principe de parole). Il s'agit en l'occurrence d'un « serviteur de Dieu », dont nous lisons ici la première phrase. Cette prosopopée permet à d'Aubigné de prêter fictivement à une autre voix que la sienne la revendication de son projet poétique, précisément appuyée sur la notion cicéronienne de *devoirs de l'orateur*. Face aux guerres de Religion, il s'agit en effet pour le poète d'« émouvoir » (*movere*), non d'« enseigner » (*docere*) : d'Aubigné définit ainsi d'emblée la tonalité qui sera celle du livre.

EXERCICE 1

Étudiez les trois types de preuves (objective et subjectives) dans ce texte.

« Mais je croyais avoir déjà donné assez de temps aux langues, et même aussi à la lecture des livres anciens, et à leurs histoires et à leurs fables. Car c'est quasi le même de converser avec ceux des autres siècles, que de voyager. Il est bon de savoir quelque chose des mœurs de divers peuples, afin de juger des nôtres plus sainement, et que nous ne pensions pas que tout ce qui est contre nos modes soit ridicule et contre saison, ainsi qu'ont coutume de faire ceux qui n'ont rien vu. Mais lorsqu'on emploie trop de temps à voyager, on devient enfin étranger en son pays ; et lorsqu'on est trop curieux des choses qui se pratiquaient aux siècles passés, on demeure ordinairement fort ignorant de celles qui se pratiquent en celui-ci. Outre que les fables font imaginer plusieurs événements comme possibles qui ne le sont point ; et que même les histoires les plus fidèles, si elles ne changent ni n'augmentent la valeur des choses, pour les rendre plus dignes d'être lues, au moins en omettent-elles presque toujours les plus basses et moins illustres circonstances ; d'où vient que le reste ne paraît pas tel qu'il est, et que ceux qui règlent leurs mœurs par les exemples qu'ils en tirent, sont sujets à tomber dans les extravagances des paladins de nos romans, et à concevoir des desseins qui passent leurs forces. »

——————————— Descartes, *Discours de la méthode*.
CORRIGÉ : voir p. 112.

EXERCICE 2

Étudiez les trois types de preuves dans ce texte.

« La Tragédie espagnole est un charnier. Toutes les erreurs dont l'Europe achève de mourir et qu'elle essaie de dégorger dans d'effroyables convulsions viennent y pourrir ensemble. Impossible d'y mettre la main sans risquer une septicémie. On voit monter tour à tour à la surface du pus bouillonnant des visages jadis, hélas! familiers, à présent méconnaissables et qui dès qu'on essaie de les fixer du regard s'effacent et coulent comme des cires. Sincèrement, je ne crois pas utile de tirer de là aucun de ces cadavres. Pour désinfecter un tel cloaque – image de ce que sera demain le monde, il faudrait d'abord agir sur les causes de fermentation.

Je regrette d'appeler charnier ou cloaque une vieille terre non pas chargée, mais accablée d'histoire, et où des hommes vivants souffrent, luttent et meurent. Les mêmes débiles qui font semblant de s'indigner auraient pu en 1915 me convaincre de sacrilège, car j'avais déjà, comme beaucoup de mes camarades, jugé la guerre, la fameuse guerre du Droit, la guerre contre la guerre. Les tueries qui se préparent ne sont pas d'une autre espèce, mais comme elles engagent un plus grand nombre ou plutôt la totalité des valeurs spirituelles indispensables, le chaos qui en résultera sera plus dégoûtant encore, leurs pourrissoirs plus puants. »

— Georges Bernanos, *Les Grands Cimetières sous la lune.*

SYNTHÈSE

La persuasion rhétorique peut mettre en œuvre des preuves techniques (qui relèvent de l'art de l'orateur) et extra-techniques. Les preuves techniques se divisent en preuves
- objective, ou logique : l'argumentation ;
- et subjectives, qui comprennent :
  — la preuve éthique : l'image de l'orateur ;
  — la preuve pathétique : l'appel aux émotions de l'auditoire.

2. Les genres de la rhétorique

La rhétorique a pour objet des discours prononcés en public. Cet espace du discours public s'est spécifié dans la Grèce antique en trois lieux distincts : le tribunal, l'assemblée délibérative et les diverses réunions commémoratives. Ces trois types de lieux, qui sont chacun liés à une institution de la cité, définissent les trois *genres* fondamentaux du discours rhétorique.

A. *Le genre judiciaire*

Le tribunal accueille des débats juridiques, qui relèvent du genre *judiciaire*. Le genre judiciaire se situe dans une perspective éthique : il s'agit d'aboutir à une décision *juste*. Il définit donc des discours dans lesquels, à propos de faits *passés*, l'orateur accuse ou (se) défend[1].

Exemple

« Messieurs les jurés,
L'horreur du mépris, que je croyais pouvoir braver au moment de la mort, me fait prendre la parole. Messieurs, je n'ai point l'honneur d'appartenir à votre classe, vous voyez en moi un paysan qui s'est révolté contre la bassesse de sa fortune.
Je ne vous demande aucune grâce, continua Julien en affermissant sa voix. Je ne me fais point illusion, la mort m'attend : elle sera juste. J'ai pu attenter aux jours de la femme la plus digne de tous les respects, de tous les hommages. Madame de Rênal avait été pour moi comme une mère. Mon crime est atroce, et il fut *prémédité*. J'ai donc mérité la mort, messieurs les jurés. Mais quand je serais moins coupable, je vois des hommes qui, sans s'arrêter à ce que ma jeunesse peut mériter de pitié, voudront punir en moi et décourager à jamais cette classe de jeunes gens qui, nés dans une classe inférieure et en quelque sorte opprimés par la pauvreté, ont le bonheur de se procurer une bonne éducation, et l'audace de se mêler à ce que l'orgueil des gens riches appelle la société.
Voilà mon crime, messieurs, et il sera puni avec d'autant plus de sévérité, que, dans le fait, je ne suis point jugé par mes pairs. Je ne vois point sur les bancs des jurés quelque paysan enrichi, mais uniquement des bourgeois indignés... »

Stendhal, *Le Rouge et le Noir*, livre second, chapitre XLI.

La déclaration finale de Julien Sorel lors de son procès vient après la plaidoirie de son avocat : la prise de parole de l'accusé ne relève pas d'un code institutionnel, et l'orateur peut donc disposer d'une latitude beaucoup plus grande. Ici, tout en ressortissant clairement au genre judiciaire (il s'agit bien de juger un crime), le discours hésite dans sa forme entre réquisitoire (« J'ai donc mérité la mort, messieurs les jurés ») et plaidoyer, d'ordre social, à partir de la seconde moitié du deuxième paragraphe.

---

1. Dans la Grèce antique, le justiciable présente lui-même sa défense, souvent aidé par un *logographe*, qui lui a rédigé son discours (Lysias, par exemple, exerçait le métier de logographe). Il peut être également assisté d'un *synégore*, avec qui il partage son temps de parole. À Rome, en revanche, le *patronus* présente la défense de son client.

B. Le genre délibératif

L'assemblée délibérative accueille des débats politiques, qui relèvent du genre *délibératif.*

Dans cette perspective politique – il s'agit d'aboutir à une décision *utile* à la cité – le discours délibératif répond à chaque fois à la question « que faire ? » : il porte donc sur l'*avenir*, et peut se définir comme un discours dans lequel l'orateur conseille ou déconseille tel ou tel choix.

Exemple

> Souffrez donc, ô grand roi, le plus juste des rois,
> Que tous les gens de bien vous parlent par ma voix.
> Non que nos cœurs jaloux de ses honneurs s'irritent ;
> S'il en reçoit beaucoup, ses hauts faits le méritent ;
> Ajoutez-y plutôt que d'y diminuer ;
> Nous sommes tous encor prêts d'y contribuer.
> Mais, puisque d'un tel crime il s'est montré capable,
> Qu'il triomphe en vainqueur, et périsse en coupable.
> Arrêtez sa fureur, et sauvez de ses mains,
> Si vous voulez régner, le reste des Romains :
> Il y va de la perte ou du salut du reste.

Corneille, Horace, acte V, scène 2.

La tirade de Valère se présente d'emblée comme un discours délibératif, qui en appelle explicitement devant Tulle, le roi de Rome, à la mise à mort d'Horace, meurtrier de sa sœur Camille (Camille, dans le désespoir de la mort de son amant Curiace, tué en combat par Horace, en était arrivée à maudire Rome). L'appartenance du discours au genre délibératif est notamment marquée, du point de vue grammatical, par l'apostrophe au roi (vers 1) et par l'emploi de certaines formes verbales : les impératifs (« Souffrez donc », « Ajoutez-y », « Arrêtez sa fureur, et sauvez de ses mains ») et les subjonctifs à valeur injonctive (ou valeur d'ordre), « Qu'il triomphe en vainqueur, et périsse en coupable ».

C. Le genre épidictique

Les commémorations réunissent la communauté des citoyens autour du partage des vérités sociales qu'elle reconnaît : les discours alors prononcés relèvent du genre *épidictique*[1] (ou *démonstratif*), genre de l'éloge ou du blâme.

---

1. Ce terme, issu du verbe grec *epideiknumi*, qu'on pourrait traduire familièrement par « faire son numéro », rapproche le genre de la notion de discours d'apparat.

Le genre épidictique se situe dans une perspective esthétique : il s'agit de faire partager à l'auditoire le sentiment du beau ou du laid (plastique et/ou moral). L'épidictique définit donc des discours qui peuvent viser le présent aussi bien que le passé et l'avenir, et dans lesquels l'orateur loue ou blâme tel ou tel élément du réel.

Exemple

Ainsi avez-vous pu, comme moi, rencontrer dans la campagne, au creux d'une région bocagère, quelque église ou chapelle romane, comme un fruit tombé.

Bâtie sans beaucoup de façons, l'herbe, le Temps, l'oubli l'ont rendue extérieurement presque informe : mais parfois, le portail ouvert, un autel rutilant luit au fond.

La moindre figue sèche, la pauvre gourde, à la fois rustique et baroque, certes ressemble fort à cela, à ceci près, pourtant, qu'elle me paraît beaucoup plus sainte encore ; quelque chose, si vous voulez, — dans le même genre, bien que d'une modestie inégalable —, comme une petite idole, dans notre sensibilité, d'une réussite à tous égards plus certaine : incomparablement plus ancienne et moins inactuelle à la fois.

Si je désespère, bien sûr, d'en tout dire,

Si mon esprit, avec joie, la restitue bientôt à mon corps,

Ce ne soit donc pas sans lui avoir rendu, au passage, le bref culte à ma façon qui lui revient,

Ni plus ni moins intéressé qu'il ne faut.

Francis Ponge, *Comment une figue de paroles et pourquoi*.

Ponge a souligné à maintes reprises l'importance pour son écriture de l'héritage rhétorique. Ses textes, s'ils se rattachent globalement au genre épidictique, hésitent souvent, comme ici, entre le blâme et l'éloge : entre, d'un côté, le caractère « informe » de « la pauvre gourde », évidemment très dépréciatif et, de l'autre, l'« autel rutilant, la « petite idole » à qui il convient de rendre un « culte », fût-il « bref ».

On notera également l'importance, dans ce poème comme dans le genre épidictique dans son ensemble, des formes comparatives : comparaisons (« comme un fruit tombé », « comme une petite idole ») et adjectifs au comparatif (« beaucoup plus sainte encore », « plus certaine », « incomparablement plus ancienne et moins inactuelle à la fois ») notamment.

De manière générale, on peut dire que la rhétorique est dans ses trois genres étroitement liée, d'un point de vue historique aussi bien que structurel, au régime démocratique : procédant par débats contradictoires, elle part en effet du principe que tout citoyen a un droit égal aussi bien à prendre la parole qu'à juger des vérités qui sont énoncées. C'est dire l'importance politique des trois genres de discours, qu'on retrouve également à l'œuvre dans les textes littéraires.

EXERCICE 1

L' « éloge » de Thomas Diafoirus par son père reprend le genre antique de l'éloge paradoxal, qui détourne le discours épidictique positif en lui donnant pour objet des réalités dérisoires (l'éloge de la mouche de Lucien) ou même déplorables (l'*Éloge d'Hélène* de Gorgias), appelant donc, comme ici, le blâme plus que l'éloge. L'éloge paradoxal peut ainsi se décrire comme une inversion des polarités au sein du genre épidictique : ce qui paraissait devoir susciter le blâme (ou l'indifférence) reçoit en fait, ironiquement, un éloge appuyé.

Quels sont, dans cet extrait, les procédés de l'éloge paradoxal ?

« Lorsqu'il était petit, il n'a jamais été ce qu'on appelle mièvre[1] et éveillé. On le voyait toujours doux, paisible, et taciturne, ne disant jamais mot, et ne jouant jamais à tous ces petits jeux que l'on nomme enfantins. On eut toutes les peines du monde à lui apprendre à lire, et il avait neuf ans, qu'il ne connaissait pas encore ses lettres. "Bon, disais-je en moi-même, les arbres tardifs sont ceux qui portent les meilleurs fruits ; on grave sur le marbre bien plus malaisément que sur le sable ; mais les choses y sont conservées bien plus longtemps, et cette lenteur à comprendre, cette pesanteur d'imagination, est la marque d'un bon jugement à venir." Lorsque je l'envoyai au collège, il trouva de la peine ; mais il se roidissait contre les difficultés, et ses régents se louaient toujours à moi de son assiduité, et de son travail. (…) Il est ferme dans la discussion, fort comme un Turc sur ses principes, ne démord jamais de son opinion, et poursuit un raisonnement jusque dans les derniers recoins de la logique. Mais sur toute chose ce qui me plaît en lui, et en quoi il suit mon exemple, c'est qu'il s'attache aveuglément aux opinions de nos anciens, et que jamais il n'a voulu comprendre ni écouter les raisons et les expériences des prétendues découvertes de notre siècle, touchant la circulation du sang, et autres opinions de même farine. »

— Molière, *Le Malade imaginaire*, acte II, scène 5.

CORRIGÉ : voir p. 112.

---

1. « Malicieux », dans la langue classique.

EXERCICE 2

Si les discours authentiques relèvent généralement sans ambiguïté d'un genre donné, les jeux sur le genre sont en revanche fréquents dans les textes littéraires, où il arrive qu'un même passage puisse être rattaché à deux, voire aux trois genres rhétoriques.
Quelle est la part du genre délibératif et du genre épidictique dans ce sonnet?

Ô longs désirs, ô espérances vaines,
Tristes soupirs et larmes coutumières
À engendrer de moi maintes rivières,
Dont mes deux yeux sont sources et fontaines !

Ô cruautés, ô durtés inhumaines,
Piteux regards des célestes lumières,
Du cœur transi ô passions premières,
Estimez-vous croître encore mes peines?

Qu'encor Amour sur moi son arc essaie,
Que nouveaux feux me jette et nouveaux dards,
Qu'il se dépite[1], et pis qu'il pourra fasse :

Car je suis tant navrée[2] en toutes parts
Que plus en moi une nouvelle plaie,
Pour m'empirer, ne pourrait trouver place.

Louise Labé, « Ô longs désirs, ô espérances vaines », *Sonnets*.
CORRIGÉ : voir p. 113.

SYNTHÈSE

La rhétorique définit trois genres de discours :
- le genre judiciaire où l'orateur, à propos de faits passés, accuse ou (se) défend;
- le genre délibératif, où l'orateur conseille ou déconseille un choix donné;
- le genre épidictique, où l'orateur loue ou blâme un élément du réel.

3. Les parties de la rhétorique

Le découpage de la technique rhétorique en cinq parties est attesté pour la première fois dans la *Rhétorique à Hérennius*, traité latin datant du

---

1. L e verbe « se dépiter » a le sens de « s'irriter ».
2. Le participe passé a ici le sens, originel en français, de « blessée ».

Iᵉ siècle avant notre ère, mais il s'agit probablement d'une idée grecque. Ces cinq parties, que ce traité présente comme cinq savoir-faire de l'orateur, sont les suivantes : l'*invention* (en latin *inventio*), ou découverte des arguments appropriés à la thèse défendue ; la *disposition* (*dispositio*), ou mise en ordre de ces arguments ; l'*élocution* (*elocutio*), ou rédaction du discours ; la *mémoire* (*memoria*), qui consiste pour l'orateur à mémoriser le discours qu'il devra prononcer ; l'*action* (*actio*), qui désigne la prononciation effective du discours.

A. L'invention

L'*invention*, ou découverte des arguments, implique deux notions fondamentales, celles de *lieu rhétorique* et d'*état de cause*.

a. Les lieux

Un lieu (*topos* en grec, *locus* en latin) désigne un type formel d'argument, un schéma argumentatif : on appelle par exemple *lieu de la cause* un raisonnement causal (qui se fonde sur un enchaînement de cause à effet). Le lieu est donc une entité abstraite, ce que signale de manière imagée cette définition de Cicéron (dans *L'Orateur*) : « Les lieux (…) sont comme les étiquettes des arguments sous lesquelles on va chercher ce qu'il y a à dire dans l'un ou l'autre sens. »

À partir de cette notion très générale, on distingue plus précisément deux types de lieux : les lieux communs et les lieux propres, ou spécifiques.

• **Les lieux communs** : ces lieux sont communs aux trois genres rhétoriques (judiciaire, délibératif et épidictique). Ainsi, les arguments fondés sur des relations de cause à effet, sur des rapports temporels, sur des définitions, des analogies, les arguments *ad personam* (qui prennent pour cible la personne même de l'adversaire) constituent des lieux (des types d'arguments) utilisables dans les trois genres.

Exemple

« En effet toutes les propositions que nous avons déduites immédiatement les unes des autres, sont toutes ramenées à une véritable intuition, si l'inférence a été évidente. Si, au contraire, c'est en partant d'un grand nombre de propositions détachées que nous inférons quelque chose, souvent la capacité de notre entendement n'est pas assez grande, pour pouvoir tout embrasser d'une seule intuition : en ce cas la certitude de l'énumération doit lui suffire. De même, nous ne pouvons d'un seul coup d'œil distinguer tous les anneaux d'une trop longue chaîne ; mais néanmoins, si nous avons vu le lien qui unit chacun d'eux à ses voisins, cela suffira pour que nous disions aussi que nous avons vu comment le dernier est lié au premier. »

Descartes, *Règles pour la direction de l'esprit*, règle VII.

Le raisonnement de Descartes s'appuie sur un *lieu commun*, l'analogie (introduite par « de même »), qui donne une figure concrète – le texte fait d'ailleurs appel au sens de la vue (« d'un seul coup d'œil ») – à l'énumération des propositions, la rendant ainsi davantage accessible au lecteur.

La locution *lieu commun* a une histoire sémantique assez complexe, qu'on peut résumer de la manière suivante. L'expression connaît d'une part des acceptions rhétoriques où, d'une manière spécialisée, *lieu commun* peut désigner :
– un type formel d'argument, comme nous venons de le voir ;
– à partir de Cicéron, un développement oratoire donnant au débat une portée générale : le lieu commun fait passer le discours d'un cas particulier, ou *hypothèse*, défini par un certain nombre de *circonstances* (la personne, l'acte, le temps, le lieu, la cause, la manière et le moyen) qui sont autant de ressources possibles pour l'argumentation, à une question générale, ou *thèse* ;
– à la Renaissance, une rubrique (généralement une vertu ou un vice) dans un répertoire de citations (ou répertoire de « lieux communs »).

Lieu commun connaît d'autre part et plus tardivement un emploi péjoratif, désignant d'abord un « sujet rebattu de conversation », puis une « banalité ». On rencontre quelques occurrences de cette valeur péjorative dès le XVIIᵉ siècle, mais elle ne s'impose peu à peu qu'au cours du XVIIIᵉ siècle. Cette acception péjorative est en revanche très nettement prédominante au XIXᵉ siècle, qui invente également les métaphores typographiques du « cliché » et du « stéréotype » : l'époque, qui voit la naissance d'une société urbaine de masses, est à l'évidence très sensible à la répétition des idées et des discours, et tend à évaluer négativement la banalité de pensée et d'expression. (Voir l'*Exégèse des lieux communs* de Léon Bloy, qui explicite ceux de la bourgeoisie.)

Le livre majeur d'Ernst Robert Curtius, *La Littérature européenne et le Moyen Âge latin*, dont la première édition paraît en 1947, introduit à son tour une nouvelle acception, critique : les *lieux communs* désignent des motifs littéraires récurrents sur de longues durées. Curtius étudie notamment, entre bien d'autres exemples, le motif du « monde renversé », celui du « livre de la nature », celui du « paysage idéal », les motifs propres à l'introduction et à la conclusion d'une œuvre. Il montre ainsi que le début d'un ouvrage, en cherchant à justifier sa rédaction, repose depuis l'Antiquité sur des motifs comme « je rapporte ici des choses inédites » ou « posséder le savoir oblige à le transmettre ».

Curtius parvient de cette manière, en réutilisant la notion de *lieu commun* en décalage – il faut y insister – avec la tradition rhétorique, à mettre au jour les constantes fondamentales de la littérature européenne depuis l'Antiquité.

Vu cette complexité sémantique, et l'importance du livre de Curtius, il paraît raisonnable de réserver la locution *lieu commun* au domaine rhétorique, et de préférer la forme grecque *topos* lorsqu'il s'agit de désigner des motifs récurrents, à la manière de Curtius.

Exemple

En vain, pour attaquer son stupide silence [il s'agit de Bélise],
De tous les lieux communs vous prenez l'assistance :
Le beau temps et la pluie, et le froid et le chaud
Sont des fonds qu'avec elle on épuise bientôt.
Molière, Le Misanthrope, acte II, scène 4, 1666.

Cette réplique de Célimène présente une occurrence précoce d'un emploi péjoratif de la locution *lieu commun*.

La déclaration finale de Julien lors de son procès (voir texte cité, p. 19) suit le modèle du lieu commun cicéronien, en faisant passer l'auditoire du particulier (« J'ai pu attenter aux jours de la femme la plus digne de tous les respects, de tous les hommages. ») au général : « je vois des hommes qui (…) voudront punir en moi et décourager à jamais cette classe de jeunes gens (…). » Le lieu commun cicéronien élargit la portée du discours en montrant que la cause particulière en discussion engage (et menace) en fait l'ordre social dans son ensemble : le discours de Julien se conforme très exactement à ce schéma, en mettant au jour, et en question, à travers la notion de *classe*, les fondements mêmes de l'organisation sociale.

• **Les lieux propres** : ces lieux sont propres (ou spécifiques) à chaque genre rhétorique.

Le genre judiciaire accueillera de manière spécifique des arguments fondés sur la notion de justice, le genre délibératif des arguments fondés sur la notion d'utilité, et le genre épidictique des arguments faisant appel à des qualités, morales ou plastiques.

Exemple

Exemple

Et les servantes de ma mère, grandes filles luisantes...
Et nos paupières fabuleuses... Ô
Clartés! ô faveurs!
Appelant toute chose, je récitai qu'elle était grande, appelant
toute bête, qu'elle était belle et bonne.

Saint-John Perse, « Pour fêter une enfance », *Éloges.*

Le discours épidictique – programmé par le titre du recueil, *Éloges* – se fonde ici sur le recours à un lexique fortement mélioratif (ce terme s'oppose à «péjoratif»), «faveurs», «belle et bonne», où la figure de répétition sonore (allitération en [b] à l'initiale) met en valeur les deux adjectifs, «fabuleuses», dont le sens en contexte superpose probablement, dans une figure de syllepse (qui consiste à employer un terme unique en un double ou un triple sens), les trois acceptions («qui relève du fictionnel ou du merveilleux», «incroyable», «exceptionnel») et, surtout, «grande», appliqué à «toute chose». Ce dernier adjectif est explicitement présenté comme le prédicat mélioratif fondamental du poème, dont les autres ne seraient que des déclinaisons.

Les contenus des lieux sont à l'évidence variables selon les cultures. Ainsi, l'argument judiciaire de l'enfance malheureuse, qui permet actuellement à l'avocat de la défense de plaider les circonstances atténuantes pour son client, va en revanche à l'âge classique dans le sens de l'accusation, en signalant la perversion fondamentale, donc irrécupérable, de l'accusé.

SYNTHÈSE

> La notion de *lieu* désigne en rhétorique un type formel d'argument.
> Les lieux peuvent être communs (aux trois genres de discours) ou propres à l'un de ces genres.

b. Les états de cause

La théorie des états de cause vise essentiellement le discours judiciaire. Elle est élaborée par Hermagoras (IIe siècle avant notre ère) puis Hermogène (fin du IIe-début du IIIe siècle), de manière extrêmement systématique. Il s'agit de déterminer précisément le point à débattre, ce qui permet à l'orateur de choisir sa ligne argumentative.

On distingue quatre états de cause principaux, qu'on peut formuler de manière interrogative :
– état de cause *conjectural* : le fait débattu a-t-il eu lieu?
– état de cause *définitionnel* : quel nom donner à ce fait?

– état de cause *qualificatif* : quelle caractérisation donner à ce fait ? (Est-il utile, juste, lié à des circonstances atténuantes, par exemple ?)
– état de cause *légal* : comment interpréter, en relation avec le fait débattu, les textes de loi ?

Exemple

> Oui, mon frère, je suis un méchant, un coupable,
> Un malheureux pécheur, tout plein d'iniquité,
> Le plus grand scélérat qui jamais ait été ;
> Chaque instant de ma vie est chargé de souillures ;
> Elle n'est qu'un amas de crimes et d'ordures ;
> Et je vois que le Ciel, pour ma punition,
> Me veut mortifier en cette occasion.
> De quelque grand forfait qu'on me puisse reprendre,
> Je n'ai garde d'avoir l'orgueil de m'en défendre.
> Croyez ce qu'on vous dit, armez votre courroux,
> Et comme un criminel chassez-moi de chez vous :
> Je ne saurais avoir tant de honte en partage,
> Que je n'en aie encor mérité davantage.
>
> Molière, *Tartuffe*, acte III, scène 6.

Tartuffe, face à Orgon, se place sur le terrain de l'état de cause qualificatif (il est question d'évaluer l'acte commis, qualifié, grâce à une série de termes axiologiques, c'est-à-dire porteurs d'une évaluation du référent visé, de « grand forfait », de « souillures », de « crimes et d'ordures »), ce qui lui permet en fait d'éviter toute mention de ce qui devrait être l'objet du discours : sa tentative de séduction d'Elmire, dont le spectateur/lecteur a été témoin à la scène 3.

Le choix de l'état de cause qualificatif correspond à l'adoption d'une tactique de contournement, qui implique le rejet de l'état de cause définitionnel : le terme d'*adultère* n'est jamais prononcé, et l'objet du discours – Damis vient de tout raconter à son père – se trouve comme dissous, dans l'indéfini (« quelque grand forfait »), la pluralité (« souillures », « crimes », « ordures »), et la généralité, les adjectifs que Tartuffe choisit de s'appliquer restant très imprécis (« méchant », « coupable », « pécheur », « scélérat »). Ce jeu sur le non-dit rend possible le coup de force rhétorique de Tartuffe qui, en tirant parti des formes du discours religieux, en particulier de l'acte de contrition, fait un usage extrêmement habile de la preuve éthique : son auto-accusation servant en fait à la construction d'une image positive de lui-même, Tartuffe parvient à exhiber son imposture pour mieux l'imposer.

B. La disposition

Les traités antiques s'intéressent surtout à la disposition du discours judiciaire. Divers plans-types ont été proposés par les théoriciens, le plus courant comportant cinq parties : l'*exorde*, la *narration*, la *confirmation*, la *réfutation* et la *péroraison*.

a. L'exorde

Dans cette partie introductive, l'objectif premier de l'orateur est de se rendre l'auditoire favorable, de s'attirer sa bienveillance, comme le disaient les Latins (*captatio benevolentiae*). Pour ce faire, l'exorde propose en général un exposé bref de la thèse qui va être défendue, et a recours à divers procédés inflationnistes : l'orateur flatte son auditoire, s'excuse de son insuffisance (*excusatio propter infirmitatem*)...

Exemple

« Monseigneur,
Au moment que j'ouvre la bouche pour célébrer la gloire immortelle de Louis de Bourbon, prince de Condé, je me sens également confondu[1], et par la grandeur du sujet, et, s'il m'est permis de l'avouer, par l'inutilité du travail. Quelle partie du monde habitable n'a pas ouï les victoires du prince de Condé, et les merveilles de sa vie ? On les raconte partout : le Français qui les vante n'apprend rien à l'étranger ; et, quoi que je puisse aujourd'hui vous en rapporter, toujours prévenu par vos pensées j'aurai encore à répondre au secret reproche que vous me ferez d'être demeuré beaucoup au-dessous. Nous ne pouvons rien, faibles orateurs, pour la gloire des âmes extraordinaires : le Sage a raison de dire que *leurs seules actions les peuvent louer ;* toute autre louange languit auprès des grands noms ; et la seule simplicité d'un récit fidèle pourrait soutenir la gloire du prince de Condé. Mais en attendant que l'histoire, qui doit ce récit aux siècles futurs, le fasse paraître, il faut satisfaire comme nous pourrons à la reconnaissance publique et aux ordres du plus grand de tous les rois. »

Bossuet, *Oraison funèbre du prince de Condé.*

---

1. A son sens classique de « déconcerté ».

L'exorde de cette oraison funèbre est fondé sur un *topos*, au sens de Curtius, celui de l'insuffisance de l'orateur (*excusatio propter infirmitatem*). La faiblesse de l'orateur est ici de l'ordre d'une impuissance, elle-même liée au caractère doublement impossible du discours, à la fois indicible (par « la grandeur du sujet »), et de toute manière inutile, car « quelle partie du monde habitable n'a pas ouï les victoires du prince de Condé, et les merveilles de sa vie ? » On notera que ces motifs de l'indicibilité du sujet et de l'inutilité du discours sont eux aussi, depuis l'Antiquité, topiques.

L'exorde apparaît en effet de manière générale comme une partie extrêmement accueillante aux *topoi*, la difficulté propre au commencement (d'un texte, d'un discours) expliquant probablement ce recours fréquent à des formules préétablies.

b. La narration

La narration présente un exposé des faits (n'oublions pas que la réflexion sur la disposition concerne d'abord le discours judiciaire).

Exemple

« Un citoyen était âgé de cinquante ans et était veuf. Il avait un fils aveugle d'une trentaine d'années qu'il avait institué son héritier. Il se remaria. Il fit construire un appartement à la fois éloigné et séparé où il logea son fils.

Une nuit, comme il était couché avec sa femme, il fut tué. Le lendemain, au jour levant, on entendit le cri de la femme. On vint, on trouva l'épée de son fils qui était demeurée enfoncée dans le corps. La muraille qui conduisait de la chambre à coucher du père à celle de son fils était marquée d'une main sanglante, répétée tous les deux ou trois pas. »

Pascal Quignard, Albucius.

Cherchant à retrouver ce que fut la vie du rhéteur romain Caius Albucius Silus, Pascal Quignard restitue certaines de ses déclamations. La déclamation est un discours fictif, au sens où, tout en reprenant le modèle judiciaire ou délibératif (en général), elle ne s'inscrit pas dans un cadre judiciaire ou délibératif effectif. Son seul enjeu est donc d'obtenir l'approbation de ses auditeurs/lecteurs.

Cette tentative de réécriture relève cependant davantage du projet littéraire de l'écrivain que d'une finalité documentaire. Il s'agit en effet visiblement pour Quignard, en insistant sur la dimension de l'intrigue, de l'énigme, de donner à la tradition européenne du roman moderne une origine rhétorique, et romaine : « Je tiens hors de l'eau du temps des intrigues qui sont singulières. Je veux donner à la suite quatre de ces énigmes policières ou de ces récits qui font songer à l'excitation qui gagnait à la fin du XVIIIᵉ siècle français Donatien de Sade. »

c. La confirmation et la réfutation

L'objectif de la confirmation est de prouver la thèse défendue, celui de la réfutation de détruire les arguments adverses. Ces deux parties sont dans les faits très souvent regroupées, étant toutes deux le site privilégié des enchaînements argumentatifs.

Se pose alors la question de l'*ordre* des arguments : Cicéron préconise l'ordre dit « homérique[1] » ou « nestorien » (du nom du personnage de l'*Iliade*), qui place au centre les arguments les plus faibles. On obtient donc l'ordre suivant : arguments forts, arguments faibles, arguments forts.

Exemple

« Oui, cela est certain, si je pouvais revenir à la vertu, si mon apprentissage du vice pouvait s'évanouir, j'épargnerais peut-être ce conducteur de bœufs. Mais j'aime le vin, le jeu et les filles ; comprends-tu cela ? Si tu honores en moi quelque chose, toi qui me parles, c'est mon meurtre que tu honores peut-être justement parce que tu ne le ferais pas. Voilà assez longtemps, vois-tu, que les républicains me couvrent de boue et d'infamie ; voilà assez longtemps que les oreilles me tintent et que l'exécration des hommes empoisonne le pain que je mâche, j'en ai assez d'entendre brailler en plein vent le bavardage humain ; il faut que le monde sache un peu qui je suis et qui il est. Dieu merci ! c'est peut-être demain que je tue Alexandre ; dans deux jours j'aurai fini. »

Alfred de Musset, *Lorenzaccio*, acte III, scène 3.

Dans cette tirade de Lorenzo (adressée à Philippe Strozzi), la confirmation et la réfutation sont, comme souvent, mêlées (la narration étant évidemment absente, puisque le meurtre est à venir). À la face négative de l'argumentation (la réfutation), constituée ici par l'éventualité rejetée d'un retour à la vertu, répond immédiatement une face positive (la confirmation) : la revendication par le sujet de la reconnaissance de sa dignité.

---

1. L'œuvre d'Homère, antérieure au développement de la discipline rhétorique, est constamment vue par les théoriciens antiques, aussi bien latins que grecs, comme une préfiguration de la rhétorique.

Confirmation et réfutation s'organisent autour d'un paradoxe extrêmement fort : un enjeu *éthique* est affirmé – « que le monde sache un peu qui je suis et qui il est » – où l'accomplissement du meurtre devient la condition de l'honneur et de la « vertu ».

d. La péroraison

Les théoriciens antiques assignent généralement trois objectifs à cette partie de conclusion : *récapituler* l'argumentation suivie, l'*amplifier* (c'est-à-dire, au sens antique du terme latin correspondant, rehausser les arguments essentiels, les mettre en valeur [1]), et *toucher*, émouvoir l'auditoire. La péroraison est – ainsi que l'exorde, mais à un degré moindre – une partie privilégiée pour la preuve pathétique (*movere*).

Exemple

« Pauvre roi supplicié des ombres, regarde ton peuple d'ombres se lever dans la nuit de juin constellée de tortures. Voici le fracas des chars allemands qui remontent vers la Normandie à travers les longues plaintes des bestiaux réveillés : grâce à toi, les chars n'arriveront pas à temps. (...)

Comme Leclerc entra aux Invalides, avec son cortège d'exaltation dans le soleil d'Afrique et les combats d'Alsace, entre ici, Jean Moulin, avec ton terrible cortège. Avec ceux qui sont morts dans les caves sans avoir parlé, comme toi ; et même, ce qui est peut-être plus atroce, en ayant parlé ; avec tous les rayés et tous les tondus des camps de concentration, avec le dernier corps trébuchant des affreuses files de *Nuit et Brouillard*, enfin tombé sous les crosses ; avec les huit mille Françaises qui ne sont pas revenues des bagnes, avec la dernière femme morte à Ravensbrück pour avoir donné asile à l'un des nôtres. Entre, avec le peuple né de l'ombre et disparu avec elle – nos frères dans l'ordre de la Nuit.

Commémorant l'anniversaire de la libération de Paris, je disais : "Écoute ce soir, jeunesse de mon pays, ces cloches d'anniversaire qui sonneront comme celles d'il y a quatorze ans. Puisses-tu, cette fois, les entendre : elles vont sonner pour toi."

L'hommage d'aujourd'hui n'appelle que le chant qui va s'élever maintenant, ce *Chant des partisans* que j'ai entendu murmurer comme un chant de complicité, puis psalmodier dans le brouillard des Vosges et les bois d'Alsace, mêlé au cri perdu des moutons des tabors, quand

---

1. Le sens de « développer », « allonger », apparaît au XIIe siècle.

les bazookas de Corrèze avançaient à la rencontre des chars de Rundstedt lancés de nouveau contre Strasbourg. Écoute aujourd'hui, jeunesse de France, ce qui fut pour nous le Chant du malheur. C'est la marche funèbre des cendres que voici. À côté de celles de Carnot avec les soldats de l'an II, de celles de Victor Hugo avec les Misérables, de celles de Jaurès veillées par la Justice, qu'elles reposent avec leur long cortège d'ombres défigurées. Aujourd'hui, jeunesse, puisses-tu penser à cet homme comme tu aurais approché tes mains de sa pauvre face informe du dernier jour, de ses lèvres qui n'avaient pas parlé ; ce jour-là, elle était le visage de la France. »

André Malraux, « Transfert des cendres de Jean Moulin au Panthéon »,
Oraisons funèbres.

La péroraison du discours de Malraux est tout entière fondée sur la preuve pathétique, et cet appel aux émotions de l'auditeur, puis du lecteur, repose sur une présence dans le discours des *sens* (essentiellement la vue et l'ouïe) : il s'agit bien de *toucher* (*movere*), très directement, l'auditoire.

La vue et l'ouïe donnent accès à un monde contradictoire, dont l'évocation structure fermement la péroraison :
– la mention du regard (« regarde », « voici ») et la métaphore visuelle (« la nuit constellée de tortures »), qui fondent la figure d'hypotypose (figure de suggestion visuelle, où le discours cherche à susciter chez son auditeur/lecteur l'impression de la présence des objets qu'il mentionne), s'opposent aux ombres et à la nuit qui définissent le monde de la Résistance et des camps ;
– la présence insistante de l'univers sonore – le « fracas des chars », les « plaintes des bestiaux », le « cri perdu des moutons », les cloches de la libération de Paris, le Chant des Partisans – se résout en un jeu énonciatif très construit : à l'allocution oratoire (adresse à un interlocuteur absent) à Jean Moulin – interpellé au deuxième paragraphe – succède l'adresse à une partie de l'auditoire, la « jeunesse de France ». À ces bruits, ces cris, ces voix – Malraux cite un fragment d'un de ses discours antérieurs – répond le silence de Jean Moulin torturé.

La puissance pathétique de ce réseau d'oppositions est amplifiée, au sens antique du terme, par les répétitions (« cortège », « ombres »), l'ampleur des références historiques (de l'an II à Jaurès), les personnifications allégoriques (la Justice, la Nuit), qui aboutissent à l'image finale, où le visage torturé de Jean Moulin devient l'incarnation de celui de la France.

EXERCICE 1

Précisez la disposition du discours de Des Grieux.

« Le Supérieur ayant ordonné à ses religieux de le conduire, demeura seul avec moi. Il me conjura de lui apprendre promptement d'où venait ce désordre. Ô mon père ! lui dis-je en continuant de pleurer comme un enfant, figurez-vous la plus horrible cruauté, imaginez-vous la plus détestable de toutes les barbaries, c'est l'action que l'indigne G... M... a eu la lâcheté de commettre. Oh ! il m'a percé le cœur, je n'en reviendrai jamais ; je veux vous raconter tout, ajoutai-je en sanglotant, vous êtes bon, vous aurez pitié de moi. Je lui fis un récit abrégé de la longue et insurmontable passion, que j'avais pour Manon, de la situation florissante de notre fortune avant que nous eussions été dépouillés par nos propres domestiques, des offres que G... M... avait faites à ma maîtresse, de la conclusion de leur marché et de la manière dont il avait été rompu. Je lui représentai les choses à la vérité du côté le plus favorable pour nous ; voilà, continuai-je, de quelle source est venu le zèle de M. de G... M... pour ma conversion. Il a eu le crédit de me faire renfermer ici par un pur motif de vengeance. Je lui pardonne ; mais mon Père, hélas ! ce n'est pas tout. Il a fait enlever cruellement la plus chère moitié de moi-même ; il l'a fait mettre honteusement à l'Hôpital[1], il a eu l'impudence de me l'annoncer aujourd'hui de sa propre bouche. À l'Hôpital, mon Père, ô Ciel, ma charmante maîtresse, ma chère Reine à l'Hôpital, comme la plus infâme de toutes les créatures ! où trouverai-je assez de force pour supporter un si étrange malheur sans mourir ! Le bon Père me voyant dans un tel excès d'affliction, entreprit de me consoler. »

———————————————————— Abbé Prévost, *Manon Lescaut.*

CORRIGÉ : voir p. 113.

EXERCICE 2

Genest, chef de troupe et acteur, répond à la comédienne Marcelle qui le pousse à revenir au paganisme : précisez la disposition de son discours.

Marcelle, avec regret, j'espère vainement
De répandre le jour sur votre aveuglement,
Puisque vous me croyez l'âme assez ravalée,
Dans les biens infinis dont le Ciel l'a comblée,
Pour tendre à d'autres biens, et pour s'embarrasser

———

1. Désigne ici une maison de correction internant des prostituées.

D'un si peu raisonnable et si lâche penser.
Non, Marcelle, notre art n'est pas d'une importance
À m'en être promis beaucoup de récompense ;
La faveur d'avoir eu des Césars pour témoins [1]
M'a trop acquis de gloire et trop payé mes soins ;
Nos vœux, nos passions, nos veilles et nos peines,
Et tout le sang enfin qui coule dans nos veines,
Sont pour eux des tributs de devoir et d'amour,
Où le Ciel nous oblige en nous donnant le jour,
Comme aussi j'ai toujours, depuis que je respire,
Fait des vœux pour leur gloire et pour l'heur de l'Empire ;
Mais où je vois s'agir de l'intérêt d'un Dieu
Bien plus grand dans le Ciel qu'ils ne sont en ce lieu,
De tous les empereurs l'Empereur et le Maître,
Qui seul me peut sauver, comme il m'a donné l'être,
Je soumets justement leur trône à ses autels,
Et contre son honneur ne dois rien aux mortels.
Si mépriser leurs dieux est leur être rebelle,
Croyez qu'avec raison je leur suis infidèle,
Et que loin d'excuser cette infidélité,
C'est un crime innocent dont je fais vanité.
Vous verrez si ces dieux de métal et de pierre
Seront puissants au ciel, comme on les croit en terre,
Et s'ils vous sauveront de la juste fureur
D'un Dieu dont la créance y passe pour erreur.
Et lors ces malheureux, ces opprobres des villes,
Ces femmes, ces enfants et ces gens inutiles,
Les sectateurs enfin de ce crucifié,
Vous diront si sans cause ils l'ont déifié.
Ta grâce peut, Seigneur, détourner ce présage !
Mais hélas ! tous l'ayant, tous n'en ont pas l'usage,
De tant de conviés bien peu suivent tes pas,
Et pour être appelés, tous ne répondent pas.

— Rotrou, *Le Véritable Saint Genest*, acte V, scène 2.

SYNTHÈSE

La disposition la plus courante du discours judiciaire comporte cinq parties : l'exorde, la narration, la confirmation, la réfutation et la péroraison.

---

1. Le terme signifie ici « spectateur ».

C. L'élocution

La réflexion sur la mise en mots du discours est centrée, dans les traités antiques, sur deux qualités essentielles : la clarté de l'expression et la question de l'*ornement*. Ce qui ne signifie pas que le travail du style soit conçu comme un simple embellissement apporté au discours : en latin, *ornamentum*, avant de s'appliquer à un ornement, à une parure, désigne l'équipement guerrier, offensif et défensif (armes et armures). Le travail de l'expression, la recherche de l'ornement, loin de répondre à une finalité purement esthétique, visent donc à faire du discours une arme efficace, propre à l'emporter dans la joute oratoire.

Pour ce faire, les rhétoriques antiques élaborent, autour de la notion de *convenance*, une théorie des trois styles, et sont nombreuses à proposer des analyses et des classifications très fines des différentes figures de style.

a. Le principe de convenance (*aptum* ou *decorum*)

Il s'agit d'un principe très général – d'ailleurs parfois présenté dans les traités comme relevant de l'*invention* – de variabilité selon les circonstances, qui définit en fait une triple adaptation :

– au genre rhétorique du discours : les qualités attendues de l'élocution d'un discours ne sont pas les mêmes si celui-ci relève du genre judiciaire, délibératif ou épidictique ;

– au sujet traité : au sein du genre judiciaire, par exemple, un procès pour meurtre n'appellera pas les mêmes effets oratoires qu'un procès pour vol ;

– à la partie du discours concernée : on l'a vu, la péroraison tend à monopoliser la preuve pathétique, souvent liée à un travail stylistique très appuyé (dont témoigne, par exemple, le texte de Malraux).

Tardivement, la notion de *decorum* a connu une spécification narrative très poussée : Donat, dans sa *Vie de Virgile* (IVe siècle), puis Jean de Garlande (XIIIe siècle), en partant de l'œuvre de Virgile, introduisent du contenu dans ce principe de convenance stylistique, sous la forme de ce que l'on a appelé la « roue de Virgile ». Il s'agit d'une actualisation narrative très détaillée de l'idée de *decorum* – tout le « personnel narratif » des poèmes se trouve ainsi déterminé – où, à chaque œuvre virgilienne (*Les Bucoliques*, *Les Géorgiques* et *L'Énéide*) sont associés un style, des personnages-types, des lieux, des animaux, des arbres (le berger, le pâturage, le mouton et le hêtre aux *Bucoliques* ; le paysan, le champ, le bœuf et l'arbre fruitier aux *Géorgiques* ; le soldat, la ville, le cheval et le laurier à *L'Énéide*).

b. Les trois styles

La théorie des trois styles n'est pas aristotélicienne : elle apparaît pour la première fois dans la *Rhétorique à Hérennius* (I^e siècle avant notre ère). Elle provient cependant visiblement de la théorisation aristotélicienne des trois genres de discours, et est formulée très précisément dans *L'Orateur* de Cicéron. Quintilien l'associera aux trois devoirs de l'orateur.

Cette tripartition distingue :
– un style *bas*, ou *simple* (*tenuis* en latin), clair et proche du langage courant, associé de manière privilégiée au *docere* (dans la « roue de Virgile », c'est celui des *Bucoliques*) ;

Exemple

« Vue la disproportion des pépins à la pulpe les oiseaux les apprécient peu, si peu de chose au fond leur reste quand du bec à l'anus ils en sont traversés. »

Francis Ponge, « Les Mûres », *Le Parti pris des choses*.

Le poème adopte ici le genre épidictique du blâme, associé, du point de vue de l'élocution, au choix d'un style bas (signalé comme tel par le lexique : le terme anatomique « anus »), dont sont revendiquées la simplicité et la plénitude, à l'image du fruit qui est l'objet du discours : « Sans beaucoup d'autres qualités, — *mûres,* parfaitement elles sont mûres — comme aussi ce poème est fait. »

– un style *moyen* (*medius*), plus travaillé et métaphorique, associé de manière privilégiée au *delectare* (celui des *Géorgiques*) ;

Exemple

« Aussitôt que vous aurez eu votre belle Dévote, que vous pourrez m'en fournir une preuve, venez, et je suis à vous. Mais vous n'ignorez pas que dans les affaires importantes, on ne reçoit de preuves que par écrit. Par cet arrangement, d'une part, je deviendrai une récompense au lieu d'être une consolation ; et cette idée me plaît davantage : de l'autre votre succès en sera plus piquant, en devenant lui-même un moyen d'infidélité. Venez donc, venez au plus tôt m'apporter le gage de votre triomphe : semblable à nos preux Chevaliers qui venaient déposer aux pieds de leurs Dames les fruits brillants de leur victoire. Sérieusement, je suis curieuse de savoir ce que peut écrire une Prude après un tel moment, et quel voile elle met sur ses discours, après n'en avoir plus laissé sur sa personne. C'est à vous de voir si je me mets à un prix trop haut ; mais je vous préviens qu'il n'y a rien à rabattre. Jusque-là, mon cher Vicomte, vous trouverez bon que je reste fidèle à mon Chevalier, et que je m'amuse à le rendre heureux, malgré le petit chagrin que cela vous cause. »

Chaderlos de Laclos, *Les Liaisons dangereuses*, lettre XX.

Le choix du style *moyen* propre au *delectare* visé par la lettre galante permet à la marquise de Merteuil de proposer sous forme de comparaison badine (par opposition au « sérieusement » qui ouvre l'avant-dernière phrase) un marché de séduction au vicomte de Valmont : le texte joue sur le mélange de l'éthique et de l'économique, la marquise devenant une « récompense » d'un certain « prix ». Quant au modèle courtois – « semblable à nos preux Chevaliers qui venaient déposer aux pieds de leurs Dames les fruits brillants de leur victoire » – il se trouve totalement subverti par l'*ethos* libertin, qui implique une « victoire » et un « prix » tous deux sexuels.

– un style *élevé (gravis)*, très travaillé et orné, associé de manière privilégiée au *movere* (celui de *L'Énéide*).

Exemple

« Mélusine à l'instant du second cri : elle a jailli de ses hanches sans globe, son ventre est toute la moisson d'août, son torse s'élance en feu d'artifice de sa taille cambrée, moulée sur deux ailes d'hirondelle, ses seins sont des hermines prises dans leur propre cri, aveuglantes à force de s'éclairer du charbon ardent de leur bouche hurlante. Et ses bras sont l'âme des ruisseaux qui chantent et parfument. Et sous l'écroulement de ses cheveux dédorés se composent à jamais tous les traits distinctifs de la femme-enfant, de cette variété si particulière qui a toujours subjugué les poètes *parce que le temps sur elle n'a pas de prise.* »

André Breton, *Arcane 17.*

L'éloge de la femme-enfant va de pair avec un style *élevé*, qui vise ostensiblement le *movere*. Ce choix stylistique se manifeste de différents points de vue, en particulier :

– lexicalement, par l'utilisation d'un verbe technique et par là relativement rare en contexte littéraire (« dédorer »), et le marquage du haut degré : « toute la moisson d'août », « à jamais », « tous les traits distinctifs de la femme-enfant », « toujours » ;

– figuralement, par l'importance des métaphores, probablement visuelles (« son ventre est toute la moisson d'août, son torse s'élance en feu d'artifice de sa taille cambrée, moulée sur deux ailes d'hirondelle, ses seins sont des hermines prises dans leur propre cri »), et des figures de répétition, lexicales (les deux dernières phrases s'ouvrent par la conjonction *et*) et sonores : on relève par exemple une allitération en [s], puis en [p], dans « ses seins sont des hermines prises dans leur propre cri » et, surtout, une assonance en [ã] qui parcourt tout le passage, répétant ainsi, comme une clé sensible du discours, l'élément final du mot « femme-enfant ».

Des théoriciens antiques ont donné une traduction géographique à cette tripartition, en définissant également trois styles « régionaux », très proches des trois niveaux que nous venons de présenter :
– le style *attique* (de la région d'Athènes) : bref et simple, proche du style simple ; on a pu ainsi désigner par « atticisme » toute recherche de concision, de clarté et de simplicité ;
– le style *rhodien* (de la ville de Rhodes) : modérément orné, proche du style moyen ;
– le style *asian* (de l'Asie mineure) : abondant et très orné (enflé lorsqu'il est mal maîtrisé), proche du style élevé ; on a pu ainsi désigner par « asianisme » toute recherche d'abondance, d'emphase et de solennité.

Il est important de remarquer qu'en vertu du principe de *decorum*, la tripartition des styles n'est liée chez Cicéron à aucun dogmatisme, et n'est pas vraiment pensée de manière hiérarchique. Au Moyen Âge, en revanche, le schéma se durcit verticalement, et apparaît désormais comme une échelle des valeurs stylistiques, qui varie d'ailleurs comme telle au cours de l'histoire : par exemple, alors que la Renaissance voit la promotion du style *simple*, parce qu'il est senti comme rendant davantage l'*ethos* du locuteur, l'âge classique privilégie le style *moyen* de la conversation, dont l'importance comme pratique sociale est alors considérable, la Révolution retrouvant et même durcissant quant à elle la hiérarchie antérieure, en cultivant dans ses Assemblées le style élevé.

Il convient de s'attarder un peu plus longuement sur le troisième élément de la tripartition, le style *élevé*, dans la mesure où ce style très orné, propre au *movere*, a été mis en relation avec la notion de *sublime* (mais Montaigne, par exemple, revendiquait l'alliance du sublime et du style simple).

Le style élevé (*gravis* en latin) porte en effet dans certains traités le nom de *sublimis*. Or, la notion de sublime ne relève pas directement de la tripartition stylistique que nous venons de présenter, même si le style élevé a pu être considéré comme se prêtant mieux qu'un autre à l'expression du sublime.

Cette notion de sublime est formulée par le rhéteur grec Longin (Ier siècle de notre ère), dans un traité qu'il lui consacre. Dans ce livre, Longin emploie toujours le terme de *sublime* dans un sens qui dépasse son acception proprement rhétorique (valant pour « style élevé »), même si sa réflexion reste menée dans les termes de la tradition rhétorique. Le sublime est défini comme une force qui saisit, emporte l'auditeur – on retrouve la notion de *pathos* – le conduisant à une véritable « extase » ; il est autrement dit question de *movere*, au sens le plus fort : d'un véritable bouleversement de l'être. Longin précise également que le sublime est fondé sur la « grandeur d'âme » de l'orateur (« le sublime est l'écho de la grandeur d'âme », écrit-il au chapitre VII) : la notion d'*ethos*, elle aussi, est toute proche.

Du point de vue de l'élocution, même si l'étude stylistique des moyens du sublime est explicitement présentée comme insuffisante, Longin insiste sur les figures propres à le susciter. Il s'agit en particulier de figures marquant une rupture : la métaphore (qui se fonde sur une rupture sémantique), les figures de construction qui rompent la cohésion syntaxique, l'énallage, qui échange un temps ou une personne contre un(e) autre.

Un des exemples d'énoncés sublimes commentés dans le traité est emprunté à la Genèse. Longin, païen citant la Bible, écrit : « C'est ainsi que procéda le Législateur des Juifs, qui n'était pas le premier venu, quand il eut compris la puissance de Dieu et sa dignité, et qu'il la dévoila aussitôt en écrivant dans le Prologue des Lois : "Dieu a dit", dit-il, et quoi ? : "Que la lumière soit, et elle fut ; que la terre soit, et elle fut." »

L'importance historique de ce court traité est considérable : édité en 1554 par Robortello, traduit en français par Boileau en 1674, son influence a été immense dans toute l'Europe littéraire, de la Renaissance à l'époque contemporaine[1].

Exemple

« Le 3 mai, Napoléon se fit administrer l'extrême-onction et reçut le saint viatique. Le silence de la chambre n'était interrompu que par le hoquet de la mort mêlé au bruit régulier du balancier d'une pendule : l'ombre, avant de s'arrêter sur le cadran, fit encore quelques tours ; l'astre qui la dessinait avait de la peine à s'éteindre. Le 4, la tempête de l'agonie de Cromwell s'éleva : presque tous les arbres de Longwood furent déracinés. Enfin, le 5, à six heures moins onze minutes du soir, au milieu des vents, de la pluie et du fracas des flots, Bonaparte rendit à Dieu le plus puissant souffle de vie qui jamais anima l'argile humaine. Les derniers mots saisis sur les lèvres du conquérant furent : "*Tête... armée*, ou *tête d'armée*." Sa pensée errait encore au milieu des combats. Quand il ferma pour jamais les yeux, son épée, expirée avec lui, était couchée à sa gauche, un crucifix reposait sur sa poitrine : le symbole pacifique appliqué au cœur de Napoléon calma les palpitations de ce cœur, comme un rayon du ciel fait tomber la vague. »

Chateaubriand, Mémoires d'outre-tombe, troisième partie,
livre XXIV, chapitre 11.

---

1. Nous mentionnerons simplement la *Recherche philosophique sur l'origine de nos idées de sublime et de beau* de Burke (1757) et *la Critique de la faculté de juger* de Kant (1790).

Le récit de la mort de Napoléon, dont l'écriture très travaillée relève du style élevé, peut également être associé au sublime longinien, la grandeur paraissant liée au fait que la narration parcourt ici tout l'espace qui va de l'humain au cosmique. En témoignent notamment :

– l'insistance, même si elle est évidemment attendue dans le contexte d'une agonie, sur la dimension temporelle (des dates, une heure sont mentionnées, l'écoulement même du temps étant visuellement et auditivement figuré par le « bruit régulier du balancier d'une pendule ») ;

– la présence des éléments naturels, où la tempête, mêlant les « vents », la « pluie » et le « fracas des flots », apparaît comme la manifestation par excellence du sublime de la nature, face à la brièveté fragmentaire des « derniers mots (…) du conquérant ». Le déchaînement des éléments construit un décor grandiose jusqu'à la démesure à l'agonie de Napoléon, pour finir directement associée, par la comparaison – « comme un rayon du ciel fait tomber la vague » – à l'ordre cosmique.

Les figures renforcent l'impact de la construction narrative : la personnification de l'épée, « expirée », l'image biblique de l'« argile humaine », les figures de répétition (de mots comme « cœur », de sons, en particulier dans l'allitération expressive « fracas des flots ») mettent en place de manière très nette une preuve pathétique.

On voit que, pour la pensée rhétorique, la notion de *style* ne relève pas de l'individu, mais de modes d'expression explicitement définis, et par là même accessibles à tous. L'idée d'un style personnel, propre à tel locuteur, et non plus collectif, ne se développe vraiment qu'à la Renaissance, et paraît d'abord pensée à travers la catégorie rhétorique de l'*ethos*. Ce qui implique, pour le lecteur contemporain de textes de cette époque (et encore de l'âge classique, resté très rhétorique), une recommandation de prudence interprétative : étant donné que l'auteur très individualisé, à l'écriture fortement personnalisée, ne s'impose en fait pleinement qu'avec le Romantisme, l'attribution d'un tel auteur à des textes antérieurs relève évidemment d'un anachronisme qu'il convient dans la mesure du possible d'éviter.

c. La question de l'ornement : les figures

Les figures constituent le moyen essentiel de l'ornementation du style. Cela ne signifie pas, répétons-le, que leur fonction soit purement décorative : elles participent, au contraire, à l'élaboration d'une forme efficace, et contribuent donc à faire du discours une arme dans le débat oratoire. On peut rappeler ici le titre que donne Bernard Lamy au chapitre XI du second livre de sa *Rhétorique* (1688) : « Les figures sont comme les armes de l'âme. Parallèle d'un soldat qui combat avec un orateur qui parle. »

Les figures étant extrêmement nombreuses, nous n'en proposerons pas ici un examen détaillé. Nous nous limiterons simplement à une réflexion sur leur portée rhétorique : en quoi les figures peuvent-elles relever du caractère persuasif du discours ?

Les traités antiques l'ont bien montré, les figures sont effectivement persuasives, et peuvent être rattachées aux trois types de preuves :

– à la preuve *logique* : dans le passage des *Règles pour la direction de l'esprit* que nous avons cité, le raisonnement par analogie s'appuie sur une comparaison (introduite par « de même ») entre l'énumération des propositions et « les anneaux d'une (...) longue chaîne », rapprochant ainsi l'élément le plus abstrait du plus concret : la figure de comparaison (la métaphore pourrait avoir la même fonction), en présentant le nouveau comme familier, le rend davantage accessible au lecteur, renforçant ainsi l'impact de la preuve logique ;

– à la preuve *éthique* : à la scène 6 de l'acte III de *Tartuffe* (cité plus haut), la force persuasive de la réplique de Tartuffe repose sur une preuve éthique – Tartuffe cherche à se donner l'image chrétienne du pécheur repenti – elle-même fondée sur une figure : le *chleuasme* ou auto-dénigrement ;

– à la preuve *pathétique* : dans la péroraison de son discours prononcé lors du transfert des cendres de Jean Moulin au Panthéon, Malraux met en œuvre, on l'a vu, une preuve pathétique très construite, qui s'appuie en particulier sur l'allocution oratoire à Jean Moulin et sur les figures de répétition.

De manière plus générale, les rhétoriques latines ont insisté sur la capacité des figures à emporter la conviction de l'auditoire en lui « mettant sous les yeux », avec force et immédiateté, ce dont il est question. Les théoriciens latins – en particulier Quintilien – tendent à transformer l'auditeur en spectateur, et font par conséquent de l'*evidentia* (*enargeia* en grec) – la vivacité, le relief de la parole qui la rendent comme visible – une des qualités essentielles du discours. Une figure se trouve dès lors privilégiée, l'hypotypose, qui vise précisément la suggestion visuelle de l'auditeur. Cette suggestion est en fait plus émotive que proprement visuelle, l'hypotypose relevant en général de la preuve *pathétique*. On notera cependant que le terme est marginal dans les traités de rhétorique à l'époque de Quintilien : les auteurs utilisent habituellement celui d'*evidentia* (ou *enargeia*), pour désigner la « description vive ».

Exemple

> VALÈRE
> Je pourrais ajouter aux intérêts de Rome,
> Combien un pareil coup est indigne d'un homme ;
> Je pourrais demander qu'on mît devant vos yeux
> Ce grand et rare exploit d'un bras victorieux :
> Vous verriez un beau sang, pour accuser sa rage,
> D'un frère si cruel rejaillir au visage ;
> Vous verriez des horreurs qu'on ne peut concevoir ;
> Son âge et sa beauté vous pourraient émouvoir ;
> Mais je hais ces moyens qui sentent l'artifice.
>
> Corneille, Horace, acte V, scène 2.

Dans ce passage central de la tirade de Valère, l'hypotypose est signalée de l'intérieur même du discours, par la récurrence du lexique de la vue – « qu'on mît devant vos yeux », anaphore (répétition en tête de vers) de « vous verriez » – et repose effectivement sur des images fortes explicitement avouées comme telles (« des horreurs ») : « Vous verriez un beau sang (...) // D'un frère si cruel rejaillir au visage », deux vers qui font allusion à la croyance classique selon laquelle le cadavre se remettait à saigner lorsqu'il était mis en présence du meurtrier.

La figure d'hypotypose apparaît ici comme une substitution *technique* à une preuve *extra-technique* refusée : l'exhibition du cadavre. Valère, par l'intermédiaire de l'hypotypose, a recours dans ce passage à la preuve pathétique – le terme technique français « émouvoir », qui traduit le *movere* latin, est présent dans la tirade – mais comme à une possibilité simplement esquissée : toujours tenue à distance par le conditionnel (« je pourrais demander », « vous verriez », « son âge et sa beauté vous pourraient émouvoir »), elle est ensuite fermement rejetée (« Mais je hais ces moyens qui sentent l'artifice »).

On observera que ce rejet du spectaculaire constitue en fait un argument, de deux points de vue :
– dans la mesure où le rejet proclamé de l'artifice d'un argument donné revient évidemment à rendre d'autant plus crédible le caractère non prémédité des autres. La rhétorique a en effet très tôt fait le lien entre

crédibilité et spontanéité : les traités antiques redisent tous, après Aristote[1],
l'importance de la dissimulation des moyens rhétoriques ;
– du fait, aussi, que cette mise à distance équivaut finalement à une prétérition : Valère feint de ne pas dire ce qu'en fait il dit très ouvertement.
L'argument spectaculaire est bel et bien exprimé, et la suggestion visuelle
mise en avant. On peut estimer cependant que la dénonciation de l'hypotypose affaiblit tout de même sa valeur persuasive : on a une progression
tout à fait classique du discours de Valère, qui place au centre ses arguments les plus faibles, respectant ainsi l'*ordre homérique* préconisé par
les traités.

SYNTHÈSE

La rhétorique définit trois niveaux de style, chacun étant associé à
un devoir de l'orateur :
- le style bas, associé au *docere* ;
- le style moyen, associé au *delectare* ;
- le style élevé, associé au *movere*.

EXERCICE 1

Relevez les principales figures de ce passage de « L'amour la mort la
vie ». Quelle(s) est (sont) leur(s) fonction(s) dans le poème ?

Tu es venue le feu s'est alors ranimé
L'ombre a cédé le froid d'en bas s'est étoilé
Et la terre s'est recouverte
De ta chair claire et je me suis senti léger
Tu es venue la solitude était vaincue
J'avais un guide sur la terre je savais
Me diriger je me savais démesuré
J'avançais je gagnais de l'espace et du temps

J'allais vers toi j'allais sans fin vers la lumière
La vie avait un corps l'espoir tendait sa voile
Le sommeil ruisselait de rêves et la nuit
Promettait à l'aurore des regards confiants
Les rayons de tes bras entr'ouvraient le brouillard

---

1. « Aussi doit-on parler ainsi sans laisser voir l'art, et s'appliquer à ne pas paraître
user d'un langage apprêté, mais naturel ; car celui-ci amène la conviction et celui-là
produit l'effet contraire. En effet, on est alors prévenu contre l'orateur comme s'il
était insidieux, de même qu'on se défie des vins mélangés. » (*Rhétorique*, livre III,
chapitre 2).

Ta bouche était mouillée des premières rosées
Le repos ébloui remplaçait la fatigue
Et j'adorais l'amour comme à mes premiers jours.

Paul Éluard, « La mort l'amour la vie », *Le Phénix*.

CORRIGÉ : voir p. 114.

EXERCICE 2

Relevez les principales figures de ce poème, en précisant leur(s) fonction(s), et en reprenant des éléments d'analyse qui viennent d'être présentés.

Femme nue, femme noire
Vêtue de ta couleur qui est vie, de ta forme qui est beauté !
J'ai grandi à ton ombre ; la douceur de tes mains bandait mes yeux.
Et voilà qu'au cœur de l'Été et de Midi, je te découvre, Terre promise, du haut d'un haut col calciné
Et ta beauté me foudroie en plein cœur, comme l'éclair d'un aigle.

Femme nue, femme obscure
Fruit mûr à la chair ferme, sombres extases du vin noir, bouche qui fais lyrique ma bouche
Savane aux horizons purs, savane qui frémis aux caresses ferventes du Vent d'Est
Tamtam sculpté, tamtam tendu qui grondes sous les doigts du vainqueur
Ta voix grave de contralto est le chant spirituel de l'Aimée.

Femme nue, femme obscure
Huile que ne ride nul souffle, huile calme aux flancs de l'athlète, aux flancs des princes du Mali
Gazelle aux attaches célestes, les perles sont étoiles sur la nuit de ta peau
Délices des jeux de l'esprit, les reflets de l'or rouge sur ta peau qui se moire
À l'ombre de ta chevelure, s'éclaire mon angoisse aux soleils prochains de tes yeux.

Femme nue, femme noire
Je chante ta beauté qui passe, forme que je fixe dans l'Éternel
Avant que le Destin jaloux ne te réduise en cendres pour nourrir les racines de la vie.

Léopold Sédar Senghor, « Femme noire », *Chants d'ombre*.

D. La mémoire

La rhétorique, comme théorie et comme pratique, s'est développée dans des sociétés fondamentalement orales, ce que manifeste mieux que toute autre chose sa réflexion sur la mémoire. L'orateur antique avait en effet à prononcer, que ce soit dans le cadre judiciaire, délibératif ou épidictique, des discours longs et continus, sans notes : la théorie rhétorique inclut donc des techniques de mémorisation. La source essentielle est ici la *Rhétorique à Hérennius*.

La mémoire rhétorique est fondée sur des *lieux* et des *images* : il s'agit pour l'orateur de mémoriser d'abord certains lieux, puis d'y placer en imagination les images qui doivent rappeler un discours. La remémoration consiste dès lors à parcourir, dans un certain ordre, le bâtiment de mémoire.

En ce qui concerne les images, la *Rhétorique à Hérennius* oppose les images destinées à se souvenir des choses à celles qui sont destinées à se souvenir des mots. On distingue donc une *memoria rerum* (mémoire des choses) d'une *memoria verborum* (mémoire des mots). L'auteur de la *Rhétorique à Hérennius* cite, pour illustrer ces deux notions, les exemples suivants :
– un exemple judiciaire pour la *memoria rerum* : « L'accusation a affirmé que notre client a empoisonné un homme, elle donne comme motif du crime un héritage et déclare que cet acte a eu de nombreux témoins et de nombreux complices. (...) Nous imaginerons l'homme en question au lit, malade, si nous le connaissons personnellement. (...) Nous placerons l'accusé au bord du lit, tenant une coupe dans la main droite, des tablettes dans la gauche et, à l'annulaire, des testicules de bouc. De cette façon, nous pouvons garder dans la mémoire l'homme empoisonné, les témoins et l'héritage. » La coupe est censée rappeler l'empoisonnement, les tablettes le testament, donc l'héritage, et les testicules de bouc les témoins, par le jeu de mots sur *testes* ;
– un exemple littéraire pour la *memoria verborum* : si l'on doit mémoriser le vers *Iam domum itionem reges Atridae parant* (« Et maintenant les rois, fils d'Atrée, préparent leur retour », ce ver est forgé par l'auteur du traité), on construira deux images. D'abord celle de « Domitius levant les bras au ciel pendant qu'il est fouetté par les Marcii Reges » : l'image évoque *Domitius Reges*, qui rappelle, par ressemblance sonore, *domum itionem reges*. Ensuite celle d'« Ésope et Cimbre en train de s'habiller pour jouer leurs rôles d'Agamemnon et de Ménélas dans *Iphigénie* », qui sert à mémoriser *Atridae parant* (les fils d'Atrée se préparent).

L'art rhétorique de la mémoire, fondé sur ces techniques curieuses, mais semble-t-il efficaces, se trouve à peu près totalement discrédité à partir de l'*Institution oratoire* de Quintilien, avant de connaître un renouveau sensible au XIIIe siècle. La littérature du XXe siècle s'y est parfois intéressée, comme à un objet possible de son discours, l'art de la mémoire se trouvant évidemment comme tel sans nécessité dans une société fondée sur l'écriture. On peut citer, notamment, les noms de Joyce et de Perec, dont *La Vie mode d'emploi* se fonde sur un modèle architectural qui rappelle fortement les bâtiments de mémoire de la rhétorique antique : le roman est en effet constitué par l'exploration, pièce par pièce, d'un immeuble situé 11, rue Simon-Crubellier.

E. L'action

L'action (*actio* ou *pronuntiatio* en latin) désigne la prononciation effective du discours. Il s'agit d'un facteur essentiel de la persuasion rhétorique, dans la mesure où l'image de l'orateur, donc sa crédibilité, dépend aussi, outre l'*ethos*, de sa présence physique face à l'auditoire. D'ailleurs, jusqu'à l'époque contemporaine, les conditions matérielles et acoustiques dans lesquelles les orateurs sont amenés à prendre la parole sont souvent si difficiles que la maîtrise de l'action s'avère tout à fait indispensable à la simple réception du discours par le public.

La théorie de l'action s'intéressera donc aux différents éléments qui définissent la présence physique de l'orateur : le placement de la voix, ses intonations, l'attitude du corps, le recours aux larmes...

Exemple

« Alors, Étienne se tint un instant immobile sur le tronc d'arbre. (...)
Il leva un bras dans un geste lent, il commença ; mais sa voix ne grondait plus, il avait pris le ton froid d'un simple mandataire du peuple qui rend ses comptes. Enfin, il plaçait le discours que le commissaire de police lui avait coupé au Bon-Joyeux ; et il débutait par un historique rapide de la grève, en affectant l'éloquence scientifique : des faits, rien que des faits. (...) Il gardait sa voix monotone comme pour insister sur ces mauvaises nouvelles, il disait la faim victorieuse, l'espoir mort, la lutte arrivée aux fièvres dernières du courage. (...)
Mais Étienne, déjà, continuait d'une voix changée. Ce n'était plus le secrétaire de l'association qui parlait : c'était le chef de bande, l'apôtre apportant la vérité. Est-ce qu'il se trouvait des lâches pour manquer à leur parole ? Quoi ! depuis un mois, on aurait souffert inutilement, on retournerait aux

47

fosses, la tête basse, et l'éternelle misère recommencerait! Ne valait-il pas mieux mourir tout de suite, en essayant de détruire cette tyrannie du capital qui affamait le travailleur? (...) C'était trop cette fois, le temps venait où les misérables, poussés à bout, feraient justice.
Il resta les bras en l'air. (...)
Peu à peu, Étienne s'échauffait. Il n'avait pas l'abondance facile et coulante de Rasseneur. Les mots lui manquaient souvent, il devait torturer sa phrase, il en sortait par un effort qu'il appuyait d'un coup d'épaule. Seulement, à ces heurts continuels, il rencontrait des images d'une énergie familière, qui empoignaient son auditoire; tandis que ses gestes d'ouvrier au chantier, ses coudes rentrés, puis détendus et lançant les poings en avant, sa mâchoire brusquement avancée, comme pour mordre, avaient eux aussi une action extraordinaire sur les camarades. Tous le disaient, il n'était pas grand, mais il savait se faire écouter. (...)
Carrément, il aborda des questions obscures de droit, le défilé des lois spéciales sur les mines, où il se perdait. Le sous-sol, comme le sol, était à la nation (...). Le peuple des mineurs n'avait donc qu'à reconquérir son bien; et, les mains tendues, il indiquait le pays entier, au-delà de la forêt. À ce moment, la lune, qui montait de l'horizon, glissant des hautes branches, l'éclaira. Lorsque la foule, encore dans l'ombre, l'aperçut ainsi, blanc de lumière, distribuant la fortune de ses mains ouvertes, elle applaudit de nouveau, d'un battement prolongé. »

Émile Zola, Germinal, quatrième partie, chapitre 7.

Dans le texte romanesque, la restitution de l'*action* oratoire d'un personnage est en général prise en charge par le narrateur. De ce point de vue, ce passage de la fin de la quatrième partie de *Germinal* se caractérise par un décalage très net entre les deux instances : le narrateur rend compte de la pratique rhétorique du personnage en la présentant, dans un récit visiblement conscient des problématiques rhétoriques, et en particulier de celle de l'action, comme spontanée, non travaillée (« ses gestes d'ouvrier au chantier »), voire presque animale (« sa mâchoire brusquement avancée, comme pour mordre »). L'emploi du terme même d'*action*, en superposant les deux perspectives, témoigne très clairement de ce décalage entre narrateur et personnage : dans le contexte, le terme est bien lié à l'*action* oratoire d'Étienne (ses gestes et l'expression de son visage, en l'occurrence), mais d'une manière non technique, en désignant l'*effet* de cette action sur l'auditoire.

La restitution de l'action est relativement précise dans le passage, en ce qui concerne aussi bien la voix que l'attitude physique de l'orateur :

– du point de vue de la *voix*, au « ton froid » de l'« éloquence scientifique »
propre à la *narration* (l'« historique rapide de la grève »), à la « voix
monotone » qui, par contraste, est pourtant dotée d'une fonction d'*amplification* (« pour insister sur ces mauvaises nouvelles »), succède la « voix
changée » accordée à un *ethos* nouveau, celui du « chef de bande », de
l'« apôtre apportant la vérité » ;
– en ce qui concerne l'*attitude physique*, le texte met en valeur deux
éléments privilégiés : le mouvement des bras et l'expression du visage.
Tous deux accompagnent (« il en sortait par un effort qu'il appuyait d'un
coup d'épaule ») et complètent (« les mains tendues, il indiquait le pays
entier ») l'*élocution* incertaine d'Étienne.

Le texte est tout à fait clair sur ce point : l'influence d'Étienne sur son
public – il sait effectivement « se faire écouter » – est due à son *action* au
moins autant qu'à son discours proprement dit. La parole du personnage
s'en trouve évidemment discréditée, et ce d'autant plus que l'action
oratoire elle-même échappe finalement à Étienne dans une grande
mesure : son succès réel, manifesté par le « battement prolongé » des
applaudissements, est très explicitement lié par la dernière phrase du
passage à une contribution tout à fait *extra-technique*, celle de la lumière
lunaire.

II
Aperçu historique

1. Naissance et développement de la rhétorique

A. *Naissance de la rhétorique*

Sur la naissance de la rhétorique, nous n'avons pas de documents historiques fiables, mais un récit de Cicéron, qui fait référence à un ouvrage perdu d'Aristote.

Selon ce récit, la rhétorique naît en Grèce, au Ve siècle avant notre ère, dans des circonstances historiques très précises : après l'expulsion des tyrans de Sicile (Grande Grèce), le retour des exilés et l'avènement de la démocratie furent marqués par de nombreux conflits fonciers. Une activité intense des tribunaux pour régler ces affaires de spoliations allait donc de pair avec les premiers débats politiques à l'Assemblée : l'origine de la rhétorique est à la fois politique et juridique.

Les premiers traités sont d'ailleurs destinés aux justiciables : rappelons que la justice grecque ne connaît pas la fonction d'avocat. Ces ouvrages sont perdus, et ne nous restent que les noms des premiers rhéteurs siciliens : Corax et Tisias.

Cette nouvelle conception de la parole publique s'est substituée aux figures d'autorité qui définissaient, dans la Grèce archaïque, le discours vrai : celles du devin, de l'aède et du roi de justice, censés proférer, du simple fait de leur autorité personnelle, une parole parfaitement vraie, efficace et oraculaire.

Si la technique rhétorique, telle que nous l'avons décrite, est une invention grecque, il ne s'ensuit évidemment pas que la Grèce classique, puis le monde occidental, aient le monopole de la parole efficace.

L'*éloquence* – c'est-à-dire la capacité du discours à emporter l'assentiment de l'auditoire – existait en Grèce avant la théorisation rhétorique et, du point de vue théorique, les civilisations non occidentales ont toutes élaboré une réflexion sur l'efficacité de la parole, pour les mêmes raisons d'ailleurs, politiques et juridiques essentiellement, que la Grèce classique.

Exemple

« L'Atride, pour sa part, conduit en rangs pressés les Anciens à son camp. D'abord il leur présente un repas délectable : vers les mets préparés ils tendent tous les mains. Puis, quand ils ont chassé la soif et l'appétit, c'est le vieillard Nestor qui, le premier de tous, trame un nouveau dessein, lui dont l'avis déjà s'est montré le meilleur. Plein de sagesse, il prend la parole et leur dit : "Atride, chef de peuple, illustre Agamemnon, c'est par toi que je veux commencer et finir, car ton pouvoir s'étend sur d'innombrables hommes et Zeus t'a mis en main le sceptre avec les lois afin qu'au nom de tous toi-même tu décides. Plus que personne au monde, il te faut donc donner et prendre les avis, et même, quelquefois, suivre celui d'un autre, lorsque son cœur le fait parler comme il convient : le projet qu'il avance alors t'appartiendra. Je vais te donner, moi, le meilleur des conseils. Nul ne pourra t'offrir un avis préférable. Depuis longtemps j'y songe, et non pas d'aujourd'hui, – depuis ce jour où toi, héros issu de Zeus, tu vins ravir au camp d'Achille courroucé la jeune Briséis. Ce fut contre mon gré que tu pris cette fille : ah ! que n'ai-je pas dit pour t'en dissuader ! Toi, pourtant, tu suivis l'élan de ton grand cœur, et tu ne craignis pas d'outrager ce héros à qui les Immortels témoignent tant d'honneur. Et tu gardes sa part, dont tu l'as dépouillé ! Allons ! examinons, s'il en est temps encore, les moyens de convaincre et d'apaiser Achille avec de beaux présents et de douces paroles." »

Homère, Iliade, chant IX, traduction de Robert Flacelière.

Les poèmes homériques, l'*Iliade* et l'*Odyssée*, datent vraisemblablement du VIIIe siècle avant notre ère : ils sont bien antérieurs à l'élaboration en Grèce d'une technique rhétorique. Les deux poèmes comportent cependant de nombreux discours qui, souvent, se veulent persuasifs : c'est notamment le cas du discours d'Ulysse à Nausicaa au chant VI de l'*Odyssée*, et des discours de Nestor dans l'*Iliade*. Nestor incarne en effet dans l'épopée le pouvoir de la parole : figure de la sagesse, son univers est celui du « conseil », donc du discours. Dans ce passage, l'objet même de sa prise de parole est l'élaboration de discours à venir : « Examinons (…) les moyens de convaincre et d'apaiser Achille avec de beaux présents et de douces paroles. » (Le héros, spolié de son esclave Briséis par le roi Agamemnon s'est, depuis lors, retiré sous sa tente et refuse de reprendre le combat.) Le poème témoigne sans ambiguïté d'une conscience très nette, même si elle reste en même temps pré-théorique, que la parole peut être « douce », « convaincre et apaiser », autrement dit *fléchir* celui à qui elle s'adresse.

Le discours de Nestor représente donc une éloquence d'avant la rhétorique, et qui paraît cependant la préfigurer. Tout le discours peut en effet être décrit à l'aide des catégories rhétoriques qui seront formulées au moins trois siècles plus tard : à la *captatio benevolentiae*, très appuyée, succèdent l'affirmation, par le locuteur, de la légitimité de sa parole (construction de l'*ethos*), puis une *narration* rapide, qui se clôt sur l'énoncé ferme de la position *délibérative* défendue par Nestor : il faut tâcher d'« apaiser Achille ».

B. Discours, écriture, lecture

L'histoire de la rhétorique est celle d'une double distorsion : d'abord définie comme l'art de persuader par le discours, la rhétorique voit ensuite ses concepts transposés de l'oral à l'écrit, pour être absorbée finalement, au moins en partie, par l'art de la lecture.

a. De l'oralité à l'écriture

La rhétorique est d'abord un art de *parler* et, plus précisément, un art du discours public, que celui-ci soit judiciaire, politique ou épidictique. Son basculement dans la sphère de l'écrit est cependant pratiquement aussi ancien qu'elle-même, la situation devenant bien sûr quantitativement et qualitativement différente à partir de la Renaissance, c'est-à-dire après l'invention et la diffusion de l'imprimerie, qui fait passer l'Europe de la pauvreté relative à l'abondance de livres.

• Écriture et rhétorique

L'écriture alphabétique est une *technique* introduite en Grèce probablement au VIIIe siècle avant notre ère, mais qui n'est réellement diffusée, dans une couche très mince de la population, qu'à partir du Ve siècle (toujours avant notre ère). Les discours des orateurs grecs de l'époque classique sont composés *par écrit*, ce qui suscite d'ailleurs, dans un premier temps, la méfiance d'un public habitué à l'improvisation orale, c'est-à-dire à une parole qui, si elle n'est évidemment pas toujours spontanée, a du moins toutes les apparences de la non-préméditation.

On peut d'ailleurs penser que c'est précisément l'écriture qui a rendu possible la naissance de la rhétorique, en permettant une dissociation *matérielle* du discours et de son locuteur, rendant ainsi plus aisée la formulation de l'analyse tripolaire de la communication linguistique proposée par la réflexion rhétorique (qui distingue, rappelons-le, le discours, l'orateur et l'auditoire). La rhétorique se définirait en ce sens par un paradoxe essentiel : celui d'une technique modelée par l'écrit ayant pour objet une pratique fondamentalement orale.

- **Oralité et écriture**

Dans l'Antiquité, l'écrit reste toujours conçu à l'horizon d'un discours. Cette finalité orale de la composition écrite peut être celle :

– **d'un discours effectivement prononcé** : il s'agit alors de la transcription d'un discours public (on attribue à Cicéron l'invention des « notes tironiennes », du nom de son secrétaire, qui constituent une sorte de sténographie). Dans l'Antiquité comme aujourd'hui, les discours prononcés en public sont généralement retravaillés avant une éventuelle publication. C'est notamment le cas du *Pro Milone* de Cicéron, totalement refondu après l'échec de sa prononciation effective ;

– **d'un discours à prononcer** : il s'agit de la situation, très générale – l'improvisation vraie est extrêmement rare –, où un discours, destiné à être prononcé en public, est au préalable composé par écrit ;

– **d'un discours simplement envisagé comme tel** : il s'agit alors de discours fictifs, au sens où leur prononciation effective n'est jamais réellement envisagée par leur auteur, mais qui restent cependant conçus, et composés, comme des discours. L'« orateur » grec Isocrate (436-338 avant notre ère), en particulier, est l'auteur de « discours d'apparat » jamais prononcés, parmi lesquels figurent ses œuvres les plus célèbres : *Sur l'échange*, et surtout le *Panégyrique*, auquel il a travaillé pendant près de quinze ans.

En revanche, dans les cultures de l'écrit que sont les sociétés qui connaissent l'imprimerie, la finalité orale de l'écriture n'est plus forcément présente, même si elle reste évidemment centrale pour certaines pratiques oratoires, judiciaires et religieuses notamment, et la rhétorique devient, aussi, un *art d'écrire*. En témoignent, dans la France du XVIIᵉ siècle, certains titres de traités : le *Tableau de l'éloquence française où se voit la manière de bien écrire*, publié en 1632 par Charles de Saint-Paul Vialart, qui fait clairement passer l'« éloquence » du côté du « bien *écrire* » ; *La rhétorique de l'honnête homme ou la manière de bien écrire des lettres, de faire toutes sortes de discours, et de les prononcer agréablement ; celles d'acquérir l'usage de la langue française, et d'imiter les poètes et de choisir les bons auteurs pour son étude, où l'on a ajouté à la fin le catalogue des livres dont un honnête homme doit former sa bibliothèque*, publié anonymement à Amsterdam en 1699 : la rhétorique se partage ici équitablement entre l'écrit et l'oral, entre l'art épistolaire et celui de la conversation.

La France ne bascule cependant vraiment dans une culture de l'écrit qu'au XVIIIᵉ siècle. La société du XVIIᵉ siècle français demeurant encore très orale, la réflexion sur l'*action* y trouve une place importante, mais souvent séparée : des traités lui sont réservés, comme les *Vacationes autumnales sive de perfecta oratoris actione et pronuntiatione* (*Les Vacances autom-*

nales ou de la parfaite action et prononciation de l'orateur) du jésuite Louis de Cressolles (1620), la *Méthode pour bien prononcer un discours, et pour le bien animer. Ouvrage très utile à tous ceux qui parlent en public, et particulièrement aux prédicateurs et aux avocats* de René Bary (1629), ou encore le *Traité de l'action de l'orateur ou de la prononciation et du geste* de Valentin Conrart et Michel Le Faucheur (1657).

L'importance accordée au discours oral caractérise de manière spécifique les pays anglo-saxons entre le milieu du XVIIIe siècle et la fin du XIXe siècle : en témoigne l'existence d'un mouvement « élocutionniste », en Grande-Bretagne comme aux États-Unis, qui enseigne, dans une perspective d'intégration sociale, l'*action* oratoire (prononciation et gestes).

Exemple

> Songe, songe, Céphise, à cette nuit cruelle
> Qui fut pour tout un peuple une nuit éternelle ;
> Figure-toi Pyrrhus les yeux étincelants,
> Entrant à la lueur de nos palais brûlants ;
> Sur tous mes frères morts se faisant un passage,
> Et de sang tout couvert échauffant le carnage ;
> Songe aux cris des vainqueurs, songe aux cris des mourants,
> Dans la flamme étouffés, sous le fer expirants ;
> Peins-toi dans ces horreurs Andromaque éperdue :
> Voilà comme Pyrrhus vint s'offrir à ma vue,
> Voilà par quels exploits il sut se couronner,
> Enfin voilà l'époux que tu me veux donner.

Racine, *Andromaque*, acte III, scène 8, 1667.

La parole théâtrale – le passage cité constitue la partie centrale d'une tirade d'Andromaque – est comme la parole romanesque, une représentation fictive de discours, avec la différence cependant que le genre dramatique implique un dédoublement d'ordre énonciatif : chaque parole prononcée sur scène est adressée à la fois aux personnages présents et au spectateur. Cette structure de double énonciation met en place, dans le cas du théâtre classique, un rapport particulier entre écriture et oralité, la parole théâtrale étant à la fois *composée* par l'auteur dans l'espace et le temps de la réalité, et censément *improvisée* par le personnage dans l'espace et le temps de la fiction dramatique.

Dans ce passage, en particulier, les techniques de l'*hypotypose*, mises en œuvre de manière très appuyée, si elles ressortissent dans l'espace scénique à l'émotion extrême d'Andromaque, relèvent en amont du savoir-faire rhétorique de Racine, qui sait user avec efficacité :

– de l'interpellation de l'interlocutrice nommée (« Céphise ») et prise à témoin pour impliquer cette confidente et, à travers elle, le spectateur ;
– du lexique de la représentation visuelle – « songe », « figure-toi », « peins-toi », « voilà », « ma vue » – pour mettre en place la figure de l'hypotypose et produire une évocation saisissante du spectacle, transformer le souvenir partagé en acte présent de perception ;
– des jeux visuels de l'ombre et de la lumière, pour *amplifier* la violence sanglante du récit du sac de Troie, le regard lui-même devenant partie intégrante de cette violence (« Pyrrhus les yeux étincelants ») ;
– des figures de répétition – anaphore de « songe », de « voilà », assonances en *a*, oral et nasal ([a] et [ã]) – pour renforcer l'impact de la preuve *pathétique*.

Le texte de théâtre concilie la préméditation écrite et l'« improvisation » orale, mais en les dissociant, les distribuant selon les deux plans de la double énonciation qui le caractérise. La parole d'Andromaque emprunte spontanément les formes de la rhétorique classique : ce qui est, pour l'auteur, un art d'écrire apparaît, quant aux personnages, comme un art de parler intériorisé.

EXERCICE

Étudiez, dans la même perspective, la mise en œuvre de la rhétorique dans cette tirade de Livie (adressée à Auguste). Quels sont, en particulier, le genre du discours et le(s) mode(s) de raisonnement utilisé(s) ?

Votre sévérité, sans produire aucun fruit,
Seigneur, jusqu'à présent a fait beaucoup de bruit ;
Par les peines d'un autre aucun ne s'intimide :
Salvidien à bas a soulevé Lépide ;
Murène a succédé, Cépion l'a suivi :
Le jour à tous les deux dans les tourments ravi
N'a point mêlé de crainte à la fureur d'Egnace,
Dont Cinna maintenant ose prendre la place ;
Et dans les plus bas rangs les noms les plus abjects
Ont voulu s'ennoblir par de si hauts projets.
Après avoir en vain puni leur insolence,
Essayez sur Cinna ce que peut la clémence ;
Faites son châtiment de sa confusion,
Cherchez le plus utile en cette occasion :
Sa peine peut aigrir une ville animée,
Son pardon peut servir à votre renommée ;

> Et ceux que vos rigueurs ne font qu'effaroucher
> Peut-être à vos bontés se laisseront toucher.

Corneille, *Cinna*, acte IV, scène 3, 1640.

CORRIGÉ : voir p. 115.

b. Art d'écrire, art de lire

Que l'on se situe sur le plan de l'écrit ou de l'oral, la rhétorique a, en principe, la même finalité pédagogique : apprendre à *produire* du discours. Cependant, la rhétorique est aussi, dès l'Antiquité, un outil d'*analyse*, ce dont témoigne avec brio le *Traité du sublime* de Longin.

Ce développement d'une théorie de l'interprétation (ou *herméneutique*) tient à l'origine juridique de la rhétorique : le discours judiciaire peut en effet avoir à discuter les textes de lois, quant à leur intention réelle ou à leur champ d'application par exemple (ce que formalisera, avec Hermagoras puis Hermogène, la notion d'*état de cause légal*).

L'art de la lecture rhétorique reste cependant toujours conçu à l'horizon d'une production à venir, dans la sphère judiciaire aussi bien que dans le domaine littéraire, où le commentaire des grands auteurs demeure dans la perspective d'un apprentissage de la composition oratoire.

Depuis le XVIIIe siècle, en revanche, la fonction *critique* de la rhétorique tend à devenir prédominante : de plus en plus, la rhétorique se définit comme un pur *art de lire*. Elle perd ainsi sa spécificité : sa portée est totalement transformée dans les herméneutiques élaborées à l'époque moderne, où elle s'intègre à une esthétique littéraire qui prend alors son autonomie.

En France, le moment capital de cette histoire se situe à la fin du XIXe siècle, alors que Lanson, professeur à la Sorbonne, exerce un véritable magistère intellectuel sur l'Université française : la réflexion de Lanson valorise en effet très nettement la lecture par rapport à l'écriture, faisant de la lecture une activité qui trouve sa finalité en elle-même. Son influence aboutit d'ailleurs à l'invention d'un nouvel exercice scolaire : l'explication de textes.

Exemple

« Il est utile de faire comprendre, constater comment les grands écrivains ont fait leur style : c'est une excellente leçon d'esthétique expérimentale, un exercice de goût efficace. Mais il ne faut pas nous laisser croire, à nous tous qui sommes de bons bourgeois, professeurs, gens du monde, industriels, financiers, journalistes, etc., que ces procédés artistiques de création d'un style soient à notre usage. Nous nous servons, nous, de la parole et de l'écriture pour nous faire entendre, pour des fins intellectuelles et pratiques, et non pour donner des régals d'art à nos contemporains ou à la postérité. Nous n'apprenons pas à écrire pour être des Chateaubriand et des Flaubert, pas plus que l'on n'apprend à dessiner, dans les écoles, pour devenir des Raphaël ou des Léonard de Vinci. L'exercice du style, comme celui du dessin, est un instrument de culture intellectuelle, et a pour but, en même temps, l'acquisition d'une faculté pratique. Il faut laisser l'art et les procédés d'art à ceux qui se sentent artistes : c'est le bien petit nombre. Pour nous, qui sommes le public, contentons-nous de jouir des belles proses, et d'affiner, de multiplier par l'étude et l'observation nos jouissances ; ne croyons pas grandir en nous mettant en état de faire – facilement ou laborieusement – du *simili*, du haïssable *simili*.

Rien n'est plus odieux que le faux art. »

Gustave Lanson, L'Art de la prose, 1908.

D'abord publié sous forme d'articles dans les *Annales politiques et littéraires* (en 1907), *L'Art de la prose* se présente explicitement comme un ouvrage de vulgarisation littéraire destiné au grand public cultivé. Dans ce passage, la réflexion de Lanson part d'un fait très précis, la publication du dernier ouvrage d'Antoine Albalat (qui vise le même public), auquel il reproche son titre : *Le Travail du style enseigné par les corrections manuscrites des grands écrivains* (paru en 1903). Le texte cité se présente comme sa critique, précisément argumentée. Albalat, auteur d'un *Art d'écrire enseigné en vingt leçons* (1896), propose en effet une approche « mixte » du fait littéraire, propre à la période de transition dans laquelle il s'inscrit : pour lui, l'étude stylistique des textes – l'art de *lire* les grands auteurs – n'a de sens que dans une visée d'*écriture*.

Pour Lanson, en revanche, l'apprentissage de l'écriture – réduit à la simple « acquisition d'une faculté pratique » – ne peut qu'être totalement séparé, sauf dans le cas des « artistes », de la lecture des auteurs. L'opposition est donc totale entre la production et la réception, entre la communication quotidienne et la sphère esthétique de la jouissance artistique. Toute l'argumentation se fonde sur une conception très élitiste de la culture, définie par une double exclusion : l'écriture est réservée aux « artistes », apparemment « élus », et le « goût » aux « bons bourgeois ».

2. Mort et renaissance de la rhétorique

Entre la Renaissance et l'époque actuelle, la rhétorique a connu une histoire parfois mouvementée. Ne pouvant prétendre dans l'espace de ce livre en donner un récit complet, nous nous contenterons d'une série de moments privilégiés.

A. *Le point de vue ramiste*

Même si la rhétorique constitue à la Renaissance le fondement de la culture pédagogique, son primat est contesté par la réflexion de Ramus (Pierre de la Ramée, né en 1515 et mort en 1572).

Les sources essentielles sont ici les *Dialecticae Partitiones* (1543), que Ramus publie en français sous le titre de *Dialectique* en 1555, et la *Rhetorica* de son disciple Omer Talon (1548). Ramus et Talon proposent en fait une reformulation radicale de l'héritage rhétorique, en distinguant très nettement, du point de vue des disciplines, la *logique* de la *rhétorique*.

La *logique* regroupe l'*invention* et la *disposition*, qui inclut elle-même la mémoire, celle-ci n'étant plus considérée comme une technique particulière : la mémoire ramiste est liée à la nécessité d'une organisation logique (par la « méthode ») des contenus à mémoriser.

La *rhétorique* proprement dite se trouve donc réduite à une peau de chagrin : elle regroupe l'*élocution* et l'*action*, d'ailleurs souvent traitée de manière très rapide par les ouvrages ramistes. Les ramistes paraissent en effet, de manière générale, beaucoup plus intéressés par l'éloquence écrite qu'orale : leur rhétorique « méthodique » est en somme une rhétorique de l'âge de l'imprimerie.

La « nouvelle rhétorique » ramiste rencontra d'abord une opposition assez forte, puis sa simplicité et son efficacité, en particulier dans le classement des figures, lui valurent un succès important, en France (*La Rhétorique française* d'Antoine Fouquelin [1555] est une rhétorique ramiste) et plus encore chez les humanistes anglais.

B. *Contestations classiques*

Le XVIIe siècle apparaît comme « l'âge de l'éloquence » (Marc Fumaroli) : la place de la rhétorique y est en effet centrale, aussi bien du point de vue pédagogique, grâce notamment à l'importance des collèges jésuites, que littéraire. Cette époque voit aussi, pourtant, le développement d'un discours qui témoigne d'un discrédit moral et intellectuel de la rhétorique.

Le discours anti-rhétorique est bien sûr aussi ancien que la rhétorique elle-même, et les arguments platoniciens, notamment ceux du *Gorgias*, sont repris tout au long de l'histoire de la discipline. Le dialogue de Platon faisait de la rhétorique, par la bouche de Socrate, « un simulacre d'une espèce de l'art politique », une forme de « flatterie » définie proportionnellement : la rhétorique est à l'« art judicatoire » ce que la sophistique est à l'« art législatif », la cuisine à la médecine, et la parure à la gymnastique.

Le XVIIe siècle, quant à lui, centre principalement sa critique sur deux aspects de la rhétorique : l'invention pensée selon le système des *lieux*, et la question, morale autant qu'intellectuelle, de son rapport à la vérité.

a. La critique des lieux

Le XVIIe siècle voit la réapparition, après la réflexion ramiste, de la notion de *méthode*, conçue dans une opposition totale avec la théorie rhétorique de l'invention fondée sur les lieux.

Pour Descartes comme pour les auteurs de la *Logique de Port-Royal*, en particulier, le recours à des stocks d'arguments préconstruits, en engageant la pensée sur des voies nécessairement routinières, est incompatible avec les exigences de la raison. Ce rejet est d'autant plus fort que la Renaissance, on l'a vu, a totalement figé la notion de lieu, en l'appliquant à des répertoires de citations prêtes à l'emploi.

Exemple

« J'estimais fort l'éloquence, et j'étais amoureux de la poésie ; mais je pensais que l'une et l'autre étaient des dons de l'esprit, plutôt que des fruits de l'étude. Ceux qui ont le raisonnement le plus fort, et qui digèrent le mieux leurs pensées, afin de les rendre claires et intelligibles, peuvent toujours le mieux persuader ce qu'ils proposent, encore qu'ils ne parlassent que bas-breton, et qu'ils n'eussent jamais appris de rhétorique. »

Descartes, *Discours de la méthode*, 1637.

La critique cartésienne de la rhétorique aboutit dans ce passage du *Discours de la méthode* à une dénonciation virulente. La construction d'un raisonnement « clair » et « intelligible » ne provient absolument pas ici d'une invention rhétorique des preuves : la rhétorique se trouve en somme réduite à néant, à partir du moment où sa finalité même – la capacité à persuader, ou éloquence – en est radicalement disjointe. Descartes énonce fermement ce qui est une négation pure et simple de la notion même de technique rhétorique : l'éloquence, « don de l'esprit », n'a nul besoin de rhétorique.

b. Rhétorique et vérité

La neutralité de la rhétorique par rapport au vrai et au bien, liée à la notion fondatrice de *vraisemblable*, a été repérée et discutée depuis l'Antiquité. Gorgias, dans le dialogue qui porte son nom, présente la rhétorique comme une pure technique, dont l'« utilisation juste » relève de la responsabilité de celui qui y a recours.

Le point central est ici lié à une notion précisément formulée par les auteurs latins, celle d'argumentation *in utramque partem*. Cette expression latine désigne une argumentation accessible aux deux parties (à l'accusation comme à la défense). Ainsi, pour prendre un exemple judiciaire, l'accusation aussi bien que la défense peuvent avoir intérêt, selon les circonstances, à argumenter pour ou contre la valeur des témoignages. On voit que la notion d'argumentation *in utramque partem* implique une relativité, et même une réversibilité, des valeurs qui signifie plus largement que l'orateur maître de sa technique est capable de parler aussi bien *pour* que *contre* une thèse donnée.

Exemple

Est-ce assez, ma vengeance, est-ce assez de deux morts ?
Consulte avec loisir tes plus ardents transports.
Des bras de mon perfide arracher une femme,
Est-ce pour assouvir les fureurs de mon âme ?
Que n'a-t-elle déjà des enfants de Jason,
Sur qui plus pleinement venger sa trahison !
Suppléons-y des miens ; immolons avec joie
Ceux qu'à me dire adieu Créuse me renvoie :
Nature, je le puis sans violer ta loi ;
Ils viennent de sa part, et ne sont plus à moi.
Mais ils sont innocents ; aussi l'était mon frère ;
Ils sont trop criminels d'avoir Jason pour père ;
Il faut que leur trépas redouble son tourment ;
Il faut qu'il souffre en père aussi bien qu'en amant.
Mais quoi ! j'ai beau contre eux animer mon audace,
La pitié la combat, et se met en sa place :

Puis, cédant tout à coup la place à ma fureur,
J'adore les projets qui me faisaient horreur :
De l'amour aussitôt je passe à la colère,
Des sentiments de femme aux tendresses de mère.
Cessez dorénavant, pensers irrésolus,
D'épargner des enfants que je ne verrai plus.
Chers fruits de mon amour, si je vous ai fait naître,
Ce n'est pas seulement pour caresser un traître :
Il me prive de vous, et je l'en vais priver.
Mais ma pitié renaît, et revient me braver ;
Je n'exécute rien, et mon âme éperdue
Entre deux passions demeure suspendue.
N'en délibérons plus, mon bras en résoudra.
Je vous perds, mes enfants ; mais Jason vous perdra ;
Il ne vous verra plus. Créon sort tout en rage ;
Allons à son trépas joindre ce triste ouvrage.

> Corneille, *Médée*, acte V, scène 2, 1635.

Cette tirade de Médée se présente comme un monologue délibératif, où le personnage parle tour à tour *pour* et *contre* une résolution donnée (on désigne du terme d'*antilogie* cette confrontation d'arguments contraires).

Ce type de monologue est remarquable en lui-même : il donne en effet à la pensée – le monologue théâtral représentant conventionnellement une extériorisation de la pensée – la forme du débat politique. Le monologue délibératif repose sur le postulat, très évident en un âge rhétorique, beaucoup plus discutable de nos jours, d'une correspondance entre la pensée et le débat public.

L'enjeu du discours est, de fait, clairement *délibératif* : Médée doit-elle tuer ou épargner ses enfants ? Le vers 22 est de ce point de vue exemplaire, les deux perspectives qui s'offrent à l'héroïne étant distribuées sur les deux hémistiches de l'alexandrin.

Cet enjeu délibératif est explicité par la tirade : il devient l'objet même du discours (les « pensers irrésolus » sont apostrophés au vers 21), cette indécision d'une âme « suspendue » étant métaphorisée comme un « combat » entre deux résolutions. Le genre rhétorique du texte est précisément désigné par le verbe « délibérer », quatre vers avant la fin.

La rhétorique demeure cependant prééminente dans la culture classique, y compris dans les écrits des philosophes : on a pu constater, en particulier, pour Descartes, opposant déclaré dont l'écriture exploite pourtant avec une grande maîtrise toutes les ressources de la rhétorique.

Le philosophe anglais Hobbes, quant à lui, après avoir affirmé dans *Le Citoyen* (1642) sa conviction que la raison constitue la seule persuasion possible, revient dans le *Léviathan* (1651) à une pratique très consciente de la rhétorique, assise sur l'idée que la vérité ne peut en fait se porter seule : la raison, pour emporter la conviction d'un auditoire effectif, doit nécessairement en passer par l'éloquence. Comme l'écrit Pascal dans *De l'art de persuader* (1657) : « (...) l'art de persuader consiste autant en celui d'agréer qu'en celui de convaincre, tant les hommes se gouvernent plus par caprice que par raison. »

Exemple

« Tous les hommes cherchent naturellement des approbateurs, et le bel esprit n'en manqua jamais. Lorsqu'il parle, comme il parle bien, tout le monde l'écoute avec estime : comme il parle agréablement, tout le monde l'écoute avec plaisir ; comme il n'avance que certaines vérités sensibles, faussetés réelles, car ce qui est vrai aux sens est faux à l'esprit, tout le monde lui applaudit. Mais un homme qui connaît, ou plutôt un homme qui par l'air de ceux qui le regardent sent vivement qu'on l'admire, qu'on l'aime, qu'on l'honore, qu'on le révère, peut-il se défier de ses pensées, se persuader qu'il se trompe, et ne pas s'attacher, non seulement à ses propres visions qui l'enchantent, mais encore à ce monde qui lui applaudit, à ces amis qui le caressent, à ces disciples qui l'adorent, peut-il être uni étroitement avec Dieu, ayant tant de liaisons et de rapports aux créatures ? »

Malebranche, *Traité de morale*, première partie, chapitre XII, 1684.

La conversation du « bel esprit » est définie par une maîtrise parfaitement intériorisée des techniques rhétoriques : connaissance de la *doxa* ou opinion commune (le « bel esprit » n'avance que « certaines vérités sensibles »), maîtrise de l'*ethos* (il est « admiré » par tous), de l'*élocution* (« il parle agréablement »). Cette aisance verbale et sociale est violemment dénoncée par Malebranche, dans la mesure où elle choisit le « monde » des créatures plutôt que l'adoration du Créateur. Et pourtant, le discours de Malebranche, qui a par ailleurs sévèrement condamné les « figures trompeuses[1] » dans *La Recherche de la vérité*

---

1. « [l]es juges de l'Aréopage [le plus ancien tribunal d'Athènes] (...) défendaient à leurs avocats de se servir de ces paroles et des figures trompeuses, et (...) ne les écoutaient que dans les ténèbres, de peur que les agréments de leurs paroles et de leurs gestes ne leur persuadassent quelque chose contre la vérité et la justice. »

(1678), parce qu'il cherche à emporter la conviction de son lecteur, à le toucher, met en œuvre, de manière extrêmement travaillée, les ressources de cette même rhétorique, en particulier de l'élocution. Ce passage a en effet recours de manière très appuyée à de nombreuses figures, de répétition et de construction surtout, dont nous ne citerons que les principales :
– du point de vue de la *construction* de la phrase, le texte privilégie les parallèles syntaxiques et les constructions ternaires (« à ce monde qui lui applaudit, à ces amis qui le caressent, à ces disciples qui l'adorent ») ;
– quant aux *répétitions*, on relève notamment celle du verbe *parler*, évidemment un terme clef du passage, et l'allitération en [r] qui marque la fin du texte : dans ce choix d'une écriture répétitive, et même allitérative, Malebranche est donc loin de renoncer aux séductions du « sensible » !

EXERCICE 1

L'*Histoire du chevalier Des Grieux et de Manon Lescaut*, qui constitue à l'origine le septième et dernier tome des *Mémoires et Aventures d'un homme de qualité qui s'est retiré du monde*, est écrite à la première personne : Des Grieux y fait à M. de Renoncour, l'auteur fictif des *Mémoires* (eux aussi rédigés à la première personne), le récit de ses aventures. *Manon Lescaut* distingue donc, comme un texte de théâtre, une persuasion exercée au sein de l'univers de l'histoire racontée (ou univers *diégétique*) par les discours que s'adressent mutuellement les personnages, et une persuasion exercée sur le destinataire extérieur à cet univers fictif (ou destinataire *extra-diégétique*) : le lecteur, figuré dans l'espace du livre par M. de Renoncour.

Étudiez, dans le discours de Des Grieux, les procédés rhétoriques et leur finalité des points de vue diégétique et extra-diégétique.

Quelle image du discours persuasif ce passage du roman donne-t-il ?

« Hélas ! lui dis-je, avec un soupir parti du fond du cœur, votre compassion doit être excessive, mon cher Tiberge, si vous m'assurez qu'elle est égale à mes peines. J'ai honte de vous le laisser voir ; car je confesse que la cause n'en est pas glorieuse ; mais l'effet en est si triste, qu'il n'est pas besoin de m'aimer autant que vous faites pour en être attendri. Il me demanda comme une marque d'amitié de lui raconter sans déguisement ce qui m'était arrivé depuis mon départ de Saint-Sulpice. Je le satisfis, et loin d'altérer quelque chose à la vérité ou de diminuer mes fautes pour les faire trouver plus excusables, je lui parlai de ma passion avec toute la force qu'elle m'inspirait. Je la lui représentai comme un de ces coups particuliers du destin, qui s'attache à la ruine d'un misérable, et dont il est aussi impossible à la vertu de se défendre qu'il l'a été à la sagesse de les prévoir. Je lui fis une vive peinture de mes agitations, de mes craintes, du désespoir où j'étais deux heures avant que de le voir, et de celui dans lequel j'allais retomber, si j'étais abandonné par mes amis, aussi impitoyablement que par la fortune ; enfin, j'attendris tellement le bon Tiberge, que je le vis aussi affligé par la compassion que je l'étais par le sentiment de mes peines. Il ne se lassait point de m'embrasser et de m'exhorter à prendre du courage et de la consolation ; mais comme il supposait toujours qu'il fallait me séparer de Manon, je lui fis entendre nettement que c'était cette séparation même que je regardais comme la plus grande de mes infortunes, et que j'étais disposé à souffrir non seulement le dernier excès de la misère, mais la mort même la plus cruelle, avant que de recevoir un remède plus insupportable que tous mes maux ensemble. Expliquez-vous donc, me dit-il ; quelle espèce de secours suis-je capable de vous donner, si vous vous révoltez contre toutes mes propositions ? Je n'osais lui déclarer que c'était de sa bourse que j'avais besoin. Il le comprit pourtant à la fin, et m'ayant confessé qu'il croyait m'entendre, il demeura quelque temps suspendu avec l'air d'une personne qui balance. Ne croyez pas, reprit-il bientôt, que ma rêverie vienne d'un refroidissement de zèle et d'amitié ; mais à quelle alternative me réduisez-vous, s'il faut que je vous refuse le seul secours que vous voulez accepter ; ou que je blesse mon devoir en vous l'accordant ; car n'est-ce pas prendre part à votre désordre que de vous y faire persévérer ? »

Abbé Prévost, *Manon Lescaut*, 1731.

CORRIGÉ : voir p. 115.

EXERCICE 2

Étudiez la rhétorique de l'exorde dans ce premier paragraphe du livre premier de l'*Histoire d'une Grecque moderne*. Préciser la portée de l'emploi du terme d'*exorde* en ce qui concerne la définition du projet rhétorique du narrateur.

« Ne me rendrai-je point suspect par l'aveu qui va faire mon exorde ? Je suis l'amant de la belle Grecque dont j'entreprends l'histoire. Qui me croira sincère dans le récit de mes plaisirs ou de mes peines ? Qui ne se défiera point de mes descriptions et de mes éloges ? Une passion violente ne fera-t-elle point changer de nature à tout ce qui va passer par mes yeux ou par mes mains ? En un mot, quelle fidélité attendra-t-on d'une plume conduite par l'amour ? Voilà les raisons qui doivent tenir un lecteur en garde. Mais s'il est éclairé, il jugera tout d'un coup qu'en les déclarant avec cette franchise j'étais sûr d'en effacer bientôt l'impression par un autre aveu. J'ai longtemps aimé, je le confesse encore, et peut-être ne suis-je pas aussi libre de ce fatal poison que j'ai réussi à me le persuader. Mais l'amour n'a jamais eu pour moi que des rigueurs. Je n'ai connu ni ses plaisirs, ni même ses illusions, qui dans l'aveuglement où j'étais auraient suffi sans doute pour me tenir lieu d'un bien réel. Je suis un amant rebuté, trahi même, si je dois m'en fier à des apparences dont j'abandonnerai le jugement à mes lecteurs ; estimé néanmoins de ce que j'aimais, écouté comme un père, respecté comme un maître, consulté comme un ami ; mais quel prix pour des sentiments tels que les miens ! Et dans l'amertume qui m'en reste encore, est-ce des louanges trop flatteuses ou des exagérations de sentiments qu'on doit attendre de moi pour une ingrate qui a fait le tourment continuel de ma vie ? »

Abbé Prévost, *Histoire d'une Grecque moderne*, 1740.

C. *L'éloquence révolutionnaire*

Tacite avait proposé, dans son *Dialogue des orateurs*, un schéma explicatif *politique* de l'histoire de la rhétorique : pour l'historien latin, l'avènement d'un régime impérial, en retirant au discours toute responsabilité, politique ou sociale, réelle, est la véritable cause du déclin de l'éloquence romaine.

Ce modèle paraît transposable à l'histoire de la rhétorique dans la France des XVIIe et XVIIIe siècles, du moins en ce qui concerne le discours délibératif : on a pu amplement le constater, la rhétorique est très vivante dans la société d'Ancien Régime dans les domaines judiciaire et religieux (on parle en général métonymiquement de l'éloquence du *barreau* et de la *chaire*), mais n'existe sous sa forme délibérative que mise à distance par la représentation, notamment théâtrale (en particulier dans les tragédies politiques de Corneille).

La Révolution, en revanche, en recréant, après l'absolutisme de l'Ancien Régime, les conditions de possibilité *politiques* de l'éloquence – le discours judiciaire y étant par contre pratiquement inexistant après la dissolution de l'ordre des avocats par la loi Le Chapelier sur les associations (1791) – voit effectivement renaître un art oratoire qui sait retrouver, avec des orateurs comme Mirabeau, les formes parfois sublimes du grand style cicéronien. Cette renaissance pratique n'est cependant accompagnée d'aucun renouveau théorique, ou pédagogique, sensible.

Exemple

« Je commencerai, pour toute réponse aux attaques personnelles dont quelques préopinants[1] ont jugé à propos de m'accabler, par manifester un sentiment qui porte plus de douceur dans mon âme que les traits décochés contre moi n'y peuvent jeter d'amertume.

Si, par impossible, quelqu'un de vos décrets me paraissait blesser la justice ou la raison, j'ai tant de respect pour cette Assemblée que je n'hésiterais pas à vous le dénoncer, à vous dire que vous devez montrer un mépris profond pour cet absurde dogme d'infaillibilité politique, qui tendrait à accumuler sur chaque siècle la rouille des préjugés de tous les siècles, et soumettrait les générations à venir aux erreurs des générations passées.

Mais je n'ai point attaqué votre décret, j'ai maintenu la nécessité d'une Déclaration des droits ; ma motion laissée sur le bureau porte ces propres mots : *Qu'il sera déclaré que l'exposition des droits est partie intégrante et inséparable de la Constitution* ; mes doutes n'ont porté que sur le moment favorable à la rédaction de ce travail. Ces doutes étaient assez motivés, peut-être, par les difficultés toujours renaissantes qu'il rencontre, par la nature des objections qu'on nous a faites, par les sacrifices qu'on a exigés de nous, par les embarras inextricables où nous jette l'ignorance absolue de ce qui sera statué dans la Constitution ; mais, quoi qu'il en soit, j'ai pu me tromper, sans qu'il puisse être permis de jeter sur mes intentions un doute qu'aucun membre de cette Assemblée, qu'aucun citoyen, au courant des affaires publiques, n'a pu concevoir sur moi.

Sans doute, au milieu d'une jeunesse très orageuse, par la faute des autres, et surtout par la mienne, j'ai eu de grands torts, et peu d'hommes ont, dans leur vie privée, donné plus que moi, prétexte à la calomnie, pâture à la médisance ; mais j'ose vous en attester tous, nul écrivain, nul homme public n'a plus que moi le droit de s'honorer de sentiments courageux, de vues désintéressées, d'une fière indépendance, d'une uniformité de principes inflexibles. Ma prétendue supériorité dans l'art de vous guider vers des buts contraires est donc une injure vide de sens, un trait lancé du bas en haut, que trente volume[2] repoussent assez pour que je dédaigne de m'en occuper.

Il sera plus utile de vous montrer, Messieurs, par un exemple sensible, les difficultés qui, je le soutiens nettement, rendent impraticables aujourd'hui une rédaction de la Déclaration des droits. »

Mirabeau, « Second discours sur la déclaration des droits de l'homme »,
18 août 1789.

---

1. Il s'agit des députés qui sont intervenus avant Mirabeau dans cette phase préparatoire de la discussion sur la Déclaration des droits.
2. Les ouvrages que Mirabeau a publiés avant la Révolution.

L'intervention de Mirabeau reprend les objections qui viennent d'être formulées, pour clore la discussion.

Mirabeau, l'un des grands orateurs de la Révolution française, est un noble déclassé (il est député du tiers état) à la jeunesse dissolue. Cette réputation sulfureuse explique que le discours ne puisse négliger la question de l'*ethos* : les mœurs réelles, et bien connues, de l'homme (l'*ethos* préalable), surtout lorsqu'elles ont pris, comme ici, la forme d'arguments dans le discours des adversaires, entravent évidemment la construction d'une preuve éthique efficace dans le discours de l'orateur. Mirabeau désamorce l'attaque de manière très habile, en reprenant à son compte les accusations adverses (« j'ai eu de grands torts »), tout en les relativisant par divers procédés :

– la dilution dans la généralité d'un qualificatif très vague : « une jeunesse très orageuse » ;

– le partage des responsabilités : « par la faute des autres, et surtout par la mienne » ;

– la dévalorisation des réactions suscitées, qui va de pair avec l'estompage de leur cause : présenter la vie privée de Mirabeau comme donnant « prétexte à la calomnie » et « pâture à la médisance », c'est privilégier la malveillance de l'interprétation sur la réalité des débauches.

Outre l'habileté dans le recours à la preuve éthique, ce discours montre bien la capacité de Mirabeau à élever le débat, à élargir les enjeux du plus particulier – sa vie privée – au plus général : la mission de l'Assemblée constituante, la possibilité d'une déclaration des droits de l'homme. Mirabeau maîtrise parfaitement la technique du *lieu commun* cicéronien, et sait lui donner les accents d'un style *élevé*, fondé ici sur les figures de répétition (par exemple de « générations »), et la construction quaternaire de la phrase (« les difficultés », « les objections », « les sacrifices », « les embarras inextricables » ; « de sentiments courageux, de vues désintéressées, d'une fière indépendance, d'une uniformité de principes inflexibles »).

EXERCICE 1

Étudiez la mise en œuvre de la rhétorique dans ce discours de Mirabeau. Préciser, en particulier, le genre du discours, sa disposition et les types de preuves utilisés.

« Messieurs, la Déclaration des droits de l'homme en société n'est sans doute qu'une exposition de quelques principes généraux applicables à toutes les associations politiques et à toutes les formes de gouvernement.

Sous ce point de vue, on croirait un travail de cette nature très simple et peu susceptible de contestations et de doutes.

Mais le comité que vous avez nommé pour s'en occuper s'est bientôt aperçu qu'un tel exposé, lorsqu'on le destine à un corps politique, vieux et presque caduc, est nécessairement subordonné à beaucoup de circonstances locales, et ne peut jamais atteindre qu'à une perfection relative. Sous ce rapport, une déclaration de droits est un ouvrage difficile.

Il l'est davantage, lorsqu'il doit servir de préambule à une Constitution qui n'est pas connue.

Il l'est enfin, lorsqu'il s'agit de le composer en trois jours, d'après vingt projets de déclarations qui, dignes d'estime chacun en leur genre, mais conçus sur des plans divers, n'en sont que plus difficiles à fondre ensemble, pour en extraire un résultat utile à la masse générale d'un peuple préparé à la liberté par l'impression des faits, et non par les raisonnements.

Cependant, Messieurs, il a fallu vous obéir; heureusement nous étions éclairés par les réflexions de cette Assemblée sur l'esprit d'un tel travail. Nous avons cherché cette forme populaire qui rappelle au peuple, non ce qu'on a étudié dans les livres ou dans les méditations abstraites, mais ce qu'il a lui-même éprouvé; en sorte que la Déclaration des droits, dont une association politique ne doit jamais s'écarter, soit plutôt le langage qu'il tiendrait s'il avait l'habitude d'exprimer ses idées, qu'une science qu'on se propose de lui enseigner.

Cette différence, Messieurs, est capitale; et, comme la liberté ne fut jamais le fruit d'une doctrine travaillée en déductions philosophiques, mais de l'expérience de tous les jours et des raisonnements simples que les faits excitent, il s'ensuit que nous serons mieux entendus à proportion que nous nous rapprocherons davantage de ces raisonnements. S'il faut employer des termes abstraits, nous les rendrons intelligibles, en les liant à tout ce qui peut rappeler les sensations qui ont servi à faire éclore la liberté, et en écartant, autant qu'il est possible, tout ce qui se présente sous l'appareil de l'innovation.

C'est ainsi que les Américains ont fait leurs déclarations de droits[1], ils en ont, à dessein, écarté la science; ils ont présenté les vérités politiques qu'il s'agissait de fixer, sous une forme qui pût devenir facilement celle du peuple, à qui seul la liberté importe, et qui seul peut la maintenir.

---

1. Mirabeau fait allusion à la déclaration des treize états confédérés (4 juillet 1776).

Mais, en nous rapprochant de cette méthode, nous avons éprouvé une grande difficulté, celle de distinguer ce qui appartient à la nature de l'homme, des modifications qu'il a reçues dans telle ou telle société ; d'énoncer tous les principes de la liberté, sans entrer dans les détails, et sans prendre la forme des lois ; de ne pas s'abandonner au ressentiment des abus du despotisme, jusqu'à faire moins une déclaration des droits de l'homme, qu'une déclaration de guerre aux tyrans.

Une déclaration des droits, si elle pouvait répondre à une perfection idéale, serait celle qui contiendrait des axiomes tellement simples, évidents et féconds en conséquences, qu'il serait impossible de s'en écarter sans être absurde, et qu'on en verrait sortir toutes les constitutions.

Mais les hommes et les circonstances n'y sont point assez préparés dans cet empire, et nous ne vous offrons qu'un très faible essai que vous améliorerez sans doute, mais sans oublier que le véritable courage de la sagesse consiste à garder, dans le bien même, un juste milieu. »

— Mirabeau, « Premier discours sur la Déclaration des droits de l'homme », 17 août 1789.

CORRIGÉ : voir p. 117.

EXERCICE 2

Étudiez la mise en œuvre de la rhétorique dans ce discours de Napoléon. Préciser, en particulier, le genre du discours, sa disposition et les types de preuves utilisés.

« Soldats, je suis content de vous. Vous avez, à la journée d'Austerlitz, justifié tout ce que j'attendais de votre intrépidité ; vous avez décoré vos aigles d'une immortelle gloire. Une armée de 100 000 hommes, commandée par les empereurs de Russie et d'Autriche, a été, en moins de quatre heures, ou coupée ou dispersée. Ce qui a échappé à votre fer s'est noyé dans les lacs. Quarante drapeaux, les étendards de la garde impériale de Russie, cent vingt pièces de canon, vingt généraux, plus de 30 000 prisonniers, sont le résultat de cette journée à jamais célèbre. Cette infanterie tant vantée, et en nombre supérieur, n'a pu résister à votre choc, et désormais vous n'avez plus de rivaux à redouter.

Soldats, lorsque tout ce qui est nécessaire pour assurer le bonheur et la prospérité de notre patrie sera accompli, je vous ramènerai en France ; là vous serez l'objet de mes plus tendres sollicitudes. Mon peuple vous reverra avec joie, et il vous suffira de dire : "J'étais à la bataille d'Austerlitz", pour que l'on réponde : "Voilà un brave!". »

Napoléon Bonaparte, «Discours à Austerlitz», 3 décembre 1805.

D. *Mort institutionnelle de la rhétorique*

L'action de Lanson a scellé le sort institutionnel de la rhétorique. Après la diffusion du cartésianisme, liée au développement d'une pensée (et d'une langue) scientifique moderne, puis la revendication, émergente depuis la Renaissance, affirmée avec le romantisme, du caractère *personnel*, et non plus générique, du style, le discrédit grandissant de la rhétorique avait en effet rendu possible son exclusion des programmes scolaires et universitaires.

En 1832, un sujet théorique est pour la première fois donné à l'agrégation de lettres («Quel caractère les écrivains français du XVIIIe siècle ont-ils donné à l'imitation de l'Antiquité ? ») ; entre 1840 et 1844, l'explication de textes (formalisée par Rudler, disciple de Lanson) est introduite dans les épreuves du baccalauréat et de la licence et, en 1880, la rhétorique finit par disparaître de l'enseignement secondaire (la classe de « Rhétorique » sera débaptisée en 1902, pour prendre le nom de « Première »), même si certains de ses contenus sont repris sous une forme ou sous une autre par d'autres disciplines, notamment le français et la philosophie, et par l'enseignement primaire (avec la « récitation »).

Exemple

« Gisèle avait cru devoir adresser à son amie afin qu'elle la communiquât aux autres, la composition qu'elle avait faite pour son certificat d'études. Les craintes d'Albertine sur la difficulté des sujets proposés avaient encore été dépassées par les deux entre lesquels Gisèle avait eu à opter. L'un était : "Sophocle écrit des Enfers à Racine pour le consoler de l'insuccès d'*Athalie*" ; l'autre : "Vous supposerez qu'après la première représentation d'*Esther*, Mme de Sévigné écrit à Mme de La Fayette pour lui dire combien elle a regretté son absence." Or, Gisèle par un excès de zèle qui avait dû toucher les examinateurs, avait choisi le premier, le plus difficile de ces deux sujets, et l'avait traité si remarquablement qu'elle avait eu quatorze et avait été félicitée par le jury. (…) La composition dont Gisèle avait envoyé la copie à Albertine nous fut immédiatement lue par celle-ci, car devant elle-même passer le même examen, elle désirait beaucoup avoir l'avis d'Andrée, beaucoup plus forte qu'elles toutes et qui pouvait lui donner de bons tuyaux. (…) Les yeux d'Albertine n'avaient cessé d'étinceler pendant qu'elle faisait cette lecture : "C'est à croire qu'elle a copié cela, s'écria-t-elle quand elle eut fini. Jamais je n'aurais cru Gisèle capable de pondre un devoir pareil. Et ces vers qu'elle cite! Où a-t-elle pu aller chiper ça?" L'admiration d'Albertine, changeant il est vrai d'objet, mais encore accrue, ne cessa pas, ainsi que l'application la plus soutenue, de lui faire "sortir les yeux de la tête" tout le temps qu'Andrée, consultée comme plus grande et comme plus calée, d'abord, parla du devoir de Gisèle, avec une certaine ironie, puis, avec un air de légèreté qui dissimulait mal un sérieux véritable, refit à sa façon la même lettre. "Ce n'est pas mal, dit-elle à Albertine, mais si j'étais toi et qu'on me donne le même sujet, ce qui peut arriver, car on le donne très souvent, je ne ferais pas comme cela. Voilà comment je m'y prendrais. D'abord si j'avais été Gisèle je ne me serais pas laissée emballer et j'aurais commencé par écrire sur une feuille à part mon plan. En première ligne, la position de la question et l'exposition du sujet, puis les idées générales à faire entrer dans le développement. Enfin, l'appréciation, le style, la conclusion. Comme cela, en s'inspirant d'un sommaire, on sait où on va. Dès l'exposition du sujet ou si tu aimes mieux, Titine, puisque c'est une lettre, dès l'entrée en matière, Gisèle a gaffé. Écrivant à un homme du XVIIᵉ siècle, Sophocle ne devait pas écrire : mon cher ami. (…) D'autre part, Gisèle dit que les chœurs sont dans *Athalie* une nouveauté. Elle oublie *Esther*, et deux tragédies peu connues, mais qui ont été précisément analysées cette année par le Professeur, de sorte que rien qu'en les citant, comme c'est son dada, on est sûre d'être reçue. Ce sont *Les Juives*, de Robert Garnier et l'*Aman* de Montchrestien." (…) L'admiration et l'attention avaient donné si chaud à Albertine qu'elle suait à grosses gouttes. Andrée gardait le flegme souriant d'un dandy femelle. "Il ne serait pas mauvais non plus de citer quelques jugements des critiques célèbres", dit-elle, avant qu'on se remît à jouer. »

Marcel Proust, À l'ombre des jeunes filles en fleurs, 1919.

Le certificat d'études de Gisèle témoigne de la phase de transition dans laquelle se situe l'enseignement de l'époque (*À l'ombre des jeunes filles en fleurs* est achevé d'imprimer en 1918) quant à la place de la rhétorique. Le type de devoir discuté par les jeunes filles relève en effet d'une forme mixte, entre *déclamation* rhétorique et dissertation littéraire.

La formulation d'un tel sujet appelle son « amplification » (un exercice soigneusement décrit par Quintilien) par l'élève. Ici, le sujet posé implique en outre, du fait même de la forme épistolaire, la construction d'un discours efficace, qui ait un impact fort sur son destinataire : il s'agit de « consoler » Racine. La « composition » de Gisèle adopte d'ailleurs globalement le genre épidictique. Quant au « corrigé » d'Andrée, il mêle en permanence les registres rhétorique et critique.

Les conseils méthodologiques sur la question du « plan » ajoutent au point de vue de la *disposition* des éléments qui relèvent de l'*invention* (les « idées générales ») et de l'*élocution* (le « style »). Le vocabulaire reprend à l'occasion celui de la rhétorique – « la position de la question » désigne l'énoncé d'un « état de cause » – mais il tend aussi à en reformuler les concepts : le « plan », l'« exposition » et la « conclusion » remplacent ainsi les notions de disposition, d'exorde et de péroraison, trop marquées rhétoriquement.

Le « corrigé » d'Andrée respecte l'impératif persuasif du genre épistolaire, en le transposant sur un autre plan. La lettre fictive implique en effet, comme sujet d'examen, un destinataire effectif qu'il s'agit véritablement de convaincre : le jury. La prise en compte du « dada » du professeur témoigne ici de cette nécessaire *captatio benevolentiae* de l'examinateur. Le corrigé d'Andrée tend cependant à prendre la forme d'une réflexion critique, propre à l'exercice de la dissertation : Andrée insiste en particulier sur des points d'histoire littéraire (la question des chœurs tragiques, dans l'extrait cité), et recommande la citation de « quelques jugements » de « critiques célèbres ».

Le sujet de « composition » proposé à Gisèle semble donc appeler un traitement « mixte » : la rédaction, dans un cadre manifestement rhétorique, celui du genre épistolaire, d'une dissertation critique. En ce début du XXe siècle, il ne s'agit plus pour les élèves de produire des discours efficaces sur des thèmes variés, mais de construire une réflexion critique sur la littérature. Ce qui ne signifie pas que la dissertation renonce à la persuasion : tout exercice scolaire a nécessairement pour but de gagner la conviction du correcteur, et l'extrême importance accordée dans l'enseignement français à la question du plan manifeste d'ailleurs très clairement l'origine rhétorique de l'exercice (que Françoise Douay rapproche du monologue délibératif). Simplement, en adoptant une perspective critique, la dissertation refuse la mise en scène explicite de son action persuasive dans une fiction, par exemple épistolaire.

Les dates que nous avons mentionnées signifient clairement que la rhétorique, dans la mesure où elle n'est définitivement évincée des programmes que dans le dernier tiers du siècle, garde dans la culture, notamment littéraire, de l'époque une place importante. Elle reste en particulier centrale dans l'œuvre de nombreux écrivains, qu'ils en usent ou qu'ils en fassent l'objet d'une interrogation critique : sa contestation, même violente, implique à l'évidence son caractère encore crucial dans toute pensée du discours ou de l'écriture.

Exemple

« J'y suis – la salle est bondée et immense ! elle me paraît telle du moins. Ce sont les adversaires qui ont préparé la rencontre. Moi, je n'ai eu que le loisir de ne rien préparer, rien ! pas la frimousse d'un exorde, pas la queue d'une péroraison !
Les ardents de mon comité m'ont tiré à hue et à dia pour aller, dans les communes, à la chasse aux influents. J'ai couru ici, là, ailleurs encore, j'ai fait le tour de la circonscription à pied, en wagon, en charrette – malade des canons pris sur le zinc pour trinquer avec les braves gens.
(…)
Imbécile que je suis !
Je me figurais que ma défaite piteuse viendrait de ce que je n'ai pas rassemblé un faisceau de doctrines.
Allons donc !
J'ai, à deux ou trois reprises, vu jour pour les amener, rigides et nettes, devant la foule… Ils ont trouvé que je parlais froid. Ils espéraient des mots qui flambaient – et mes partisans eux-mêmes m'ont tiré par le pan de la redingote pour me souffler qu'il n'y avait, devant ce public, qu'à faire ronfler la toupie des grandes phrases.
Mais moi qui, jadis, avais dans la main le nerf de bœuf de l'éloquence tribunitienne[1], je n'ai plus l'envie de le faire tournoyer et de casser, avec cela, les reins aux discours des autres ! J'ai honte des gestes inutiles, de la métaphore sans carcasse – honte du métier de déclamateur !
Pardieu, oui ! j'évoquerais des images saisissantes et qui empoigneraient ce monde-là, si je le voulais ! Or, je ne me sens plus le courage de le vouloir.
J'ai perdu, avec l'ardeur de la foi jacobine, le romantisme virulent de jadis. et ce peuple m'écoute à peine ! Je n'ai pas encore la charpente d'un socialiste fort, et je n'ai plus l'étoffe d'un orateur de borne, d'un Danton de faubourg – c'est moi-même qui ai déchiré ce chiffon-là ! Ce n'est pas décadence, c'est conversion ; ce n'est pas faiblesse, c'est mépris. »

Jules Vallès, *L'Insurgé*, 1882-1886.

La rhétorique politique (*délibérative*) est l'objet explicite de ce passage de *L'Insurgé* : Jacques Vingtras, candidat socialiste contre Jules Simon à

---

1. Adjectif dérivé du nom *tribun*, qui qualifie ce qui est propre à l'orateur populaire.

l'élection législative de 1869 (comme son créateur Jules Vallès), doit prendre la parole, lors de la campagne, dans une réunion politique.

Les techniques classiques du discours délibératif sont ici ouvertement rejetées, à travers une dépréciation très appuyée de la rhétorique : dévalorisée par le décalage ironique du lexique (« la frimousse d'un exorde », « la queue d'une péroraison », « un orateur de borne », « un Danton de faubourg », « ce chiffon-là »), déjà ridiculisée dans *L'Enfant* pour son anachronisme et son formalisme stérile, elle est à nouveau présentée comme un art de la mise en forme vidé de toute substance, aussi bien du point de vue de l'*invention* (les « doctrines » ne sont visiblement pas à leur place dans le discours public), de l'*élocution* (qui fait usage de « métaphore[s] sans carcasse ») que de l'*action* (qui se résume à des « gestes inutiles »).

L'exhibition de virtuosité oratoire à laquelle se réduit apparemment le discours électoral ne peut évidemment que rejeter le parler « froid » du *docere*, l'exposé « rigide et net » d'une pensée politique, pour se fonder essentiellement sur les moyens voyants et grossiers du *movere* : les « mots qui flambent » et la « toupie des grandes phrases » définissent immédiatement l'attente d'un public qu'il s'agit bien de « saisir » et d'« empoigner ». Le discours délibératif se trouve réduit à une « déclamation » sans contenu : la polémique, désignée avec une grande violence par la métaphore du nerf de bœuf, remplace totalement le débat argumenté sur les « doctrines ».

Vingtras-Vallès refuse évidemment cette rhétorique délibérative ainsi assimilée à un romantisme pathétique. Ce rejet n'est d'ailleurs pas motivé par une insuffisance technique, le dernier paragraphe est très clair sur ce point, mais par un choix conscient – le texte parle de « conversion » – appuyé par un jugement de valeur fermement posé : le « mépris » de cette tradition.

Le rejet de la rhétorique, cependant, n'implique pas nécessairement un rejet égal de l'éloquence. Le discours politique recherche en effet par définition l'assentiment, voire la « conversion », de son public : mais, pour Vallès du moins, pas à n'importe quel prix. L'œuvre de Vallès, qui ne manque pas de constater la puissance réelle de la parole, évidente après la Révolution, s'efforce donc de donner forme à une éloquence sans rhétorique (représentée ici fugitivement par l'évocation du « socialiste fort », auquel Vingtras cherche à ressembler). Cette éloquence, en rejetant la technique rhétorique, ne peut que reposer sur l'improvisation : c'est bien le cas dans ce passage, où Vingtras, qui refuse la rhétorique, ne prépare pas son discours. Quelques pages auparavant, le texte fait d'ailleurs clairement de l'absence de préméditation la garantie de l'éloquence véritable : « Où ai-je pris ce que je leur ai conté ? J'ai attaqué je ne sais comment, parlant de l'odeur de crottin, de la bizarrerie du local, de la misère qui nous ridiculisait, dès le début. J'arrachais mes paroles aux murailles suintant le fumier, et où étaient scellés des anneaux auxquels une discipline républicaine voulait nous attacher aussi – comme des bêtes de somme !

Ah ! mais non !

Et j'ai rué, et je me suis cabré, trouvant en route de l'ironie et de la colère !

Quelques bravos ont éclaté et m'ont mis le feu sous le ventre. Quand j'ai eu fini, on est venu à moi de toutes parts. »

Les critiques du xxe siècle, lorsqu'ils se sont intéressés à l'histoire de la rhétorique, ont eu tendance à décrire la rhétorique des xviie, xviiie et xixe siècles comme une « rhétorique restreinte ». Gérard Genette, en particulier, qui fait de cette expression le titre d'un de ses articles (publié en 1972), en donne l'image d'une discipline alors réduite à l'étude des figures.

Or, les travaux de Françoise Douay l'ont clairement montré (voir bibliographie), les traités publiés jusqu'à la fin du xixe siècle (c'est-à-dire jusqu'à la fin de l'enseignement de la rhétorique) restent très complets, et ne se réduisent absolument pas à une présentation des figures. Si *Les Figures du discours*, le manuel de Fontanier (publié entre 1818 et 1827) réédité par Gérard Genette en 1968, se limite bien comme son titre l'indique à l'étude des figures, c'est justement parce qu'il s'agit d'un manuel de *poétique* (destiné aux équivalents d'alors des classes de seconde et de première), et non de rhétorique.

L'idée d'une « rhétorique restreinte », formulée de cette manière, constitue donc une sorte de récit mythique de la disparition de la rhétorique : elle est d'abord tout à fait inexacte en ce qui concerne l'époque moderne, et pour ce qui est plus généralement de la tendance au primat de l'élocution dans les traités, on l'observe déjà dans l'*Institution oratoire* de Quintilien. La notion de « rhétorique restreinte » ne devrait donc pouvoir s'appliquer en toute rigueur qu'à une démarche comme celle de Ramus, ou à des ouvrages contemporains qui se présentent effectivement comme des « rhétoriques » tout en ne proposant qu'une théorie des figures : c'est notamment le cas de la *Rhétorique générale* du Groupe μ (groupe de linguistes belges), publiée en 1970, qui consiste en fait en une reformulation linguistique d'un traité des figures[1].

EXERCICE 1

Étudiez la représentation, dans ce passage du roman, de la rhétorique judiciaire.

« L'avocat général répliqua au défenseur. Il fut violent et fleuri, comme sont habituellement les avocats généraux.

Il félicita le défenseur de sa " loyauté", et profita habilement de cette loyauté. Il atteignit l'accusé par toutes les concessions que l'avocat avait faites. L'avocat semblait accorder que l'accusé était Jean Valjean. Il en prit acte. Cet homme était donc Jean Valjean. Ceci était acquis à l'accusation et ne pouvait plus se contester. Ici, par une habile antonomase, remontant aux sources et aux causes de la criminalité, l'avocat général tonna contre l'immoralité de l'école romantique, alors à son aurore sous le nom d'*école satanique* que lui avaient décerné les critiques de *L'Oriflamme* et de *La Quotidienne*; il attribua, non sans vraisemblance, à l'influence de cette littérature perverse le délit de Champmathieu, ou pour mieux dire, de Jean Valjean. Ces considérations épuisées, il passa à Jean Valjean lui-même. Qu'était-ce que Jean Valjean? Description de Jean Valjean. Un monstre vomi, etc. Le modèle de ces sortes de descriptions est dans le récit de Théramène, lequel n'est pas utile à la tragédie, mais rend tous les jours de grands services à l'éloquence judiciaire. L'auditoire et les jurés "frémirent". La description achevée, l'avocat général reprit, dans un mouvement oratoire fait pour exciter au plus haut point le lendemain matin l'enthousiasme du Journal de la Préfecture : – Et c'est un pareil homme, etc., etc., etc., vagabond, mendiant, sans moyens d'existence, etc., etc., – accoutumé par sa vie passée aux actions coupables et peu corrigé par son séjour au bagne, comme le prouve le crime commis sur Petit-Gervais, etc., etc., – c'est un homme pareil qui, trouvé sur la voie publique en flagrant délit de vol, à quelques pas d'un mur escaladé, tenant encore à la main l'objet volé, nie le flagrant délit, le vol, l'escalade, nie tout, nie jusqu'à son nom, nie jusqu'à son identité! Outre cent autres preuves sur lesquelles nous ne revenons pas, quatre témoins le reconnaissent, Javert, l'intègre inspecteur de police Javert, et trois de ses anciens compagnons d'ignominie, les forçats Brevet, Chenildieu et Cochepaille. Qu'oppose-t-il à cette unanimité foudroyante? Il nie. Quel endurcissement! Vous ferez justice, messieurs les jurés, etc., etc. – Pendant

---

1. Dans l'avant-propos de leur *Traité du signe visuel* (Seuil, 1992), les auteurs présentent d'ailleurs comme un « hommage » leur rapport à la rhétorique.

que l'avocat général parlait, l'accusé écoutait, la bouche ouverte, avec une sorte d'étonnement où il entrait bien quelque admiration. Il était évidemment surpris qu'un homme pût parler comme cela. De temps en temps, aux moments les plus "énergiques" du réquisitoire, dans ces instants où l'éloquence, qui ne peut se contenir, déborde dans un flux d'épithètes flétrissantes et enveloppe l'accusé comme un orage, il remuait lentement la tête de droite à gauche et de gauche à droite, sorte de protestation triste et muette dont il se contentait depuis le commencement des débats. Deux ou trois fois les spectateurs placés le plus près de lui l'entendirent dire à demi-voix : – Voilà ce que c'est, de n'avoir pas demandé à M. Baloup ! – L'avocat général fit remarquer au jury cette attitude hébétée, calculée évidemment, qui dénotait, non l'imbécillité, mais l'adresse, la ruse, l'habitude de tromper la justice, et qui mettait dans tout son jour "la profonde perversité" de cet homme. Il termina en faisant ses réserves pour l'affaire Petit-Gervais, et en réclamant une condamnation sévère. »

Victor Hugo, *Les Misérables*, chapitre IX, 1862.

CORRIGÉ : voir p. 118.

EXERCICE 2

Étudiez la représentation, dans ce passage, de la rhétorique judiciaire.

« (…) la plaidoirie du procureur m'a très vite lassé. Ce sont seulement des fragments, des gestes ou des tirades entières, mais détachées de l'ensemble, qui m'ont frappé ou ont éveillé mon intérêt.

Le fond de sa pensée, si j'ai bien compris, c'est que j'avais prémédité mon crime. Du moins, il a essayé de le démontrer. Comme il le disait lui-même : "J'en ferai la preuve, messieurs, et je la ferai doublement. Sous l'aveuglante clarté des faits d'abord et ensuite dans l'éclairage sombre que me fournira la psychologie de cette âme criminelle." Il a résumé les faits à partir de la mort de maman. Il a rappelé mon insensibilité, l'ignorance où j'étais de l'âge de maman, mon bain du lendemain, avec une femme, le cinéma, Fernandel et enfin la rentrée avec Marie. J'ai mis du temps à le comprendre, à ce moment, parce qu'il disait "sa maîtresse" et pour moi, elle était Marie. Ensuite, il en est venu à l'histoire de Raymond. J'ai trouvé que sa façon de voir les événements ne manquait pas de clarté. Ce qu'il disait était plausible. (…)

"Et voilà, messieurs, a dit l'avocat général. J'ai retracé devant vous le fil d'événements qui a conduit cet homme à tuer en pleine connaissance de cause. J'insiste là-dessus, a-t-il dit. Car il ne s'agit pas d'un assassinat ordinaire, d'un acte irréfléchi que vous pourriez estimer atténué par les circonstances. Cet homme, messieurs, cet homme est intelligent. Vous l'avez entendu, n'est-ce pas ? Il sait répondre. Il connaît la valeur des mots. Et l'on ne peut pas dire qu'il a agi sans se rendre compte de ce qu'il faisait."

Moi j'écoutais et j'entendais qu'on me jugeait intelligent. Mais je ne comprenais pas bien comment les qualités d'un homme ordinaire pouvaient devenir des charges écrasantes contre un coupable. Du moins, c'était cela qui me frappait et je n'ai plus écouté le procureur jusqu'au moment où je l'ai entendu dire : "A-t-il seulement exprimé des regrets ? Jamais, messieurs. Pas une seule fois au cours de l'instruction cet homme n'a paru ému de son abominable forfait." À ce moment, il s'est tourné vers moi et m'a désigné du doigt en continuant à m'accabler sans qu'en réalité je comprenne bien pourquoi. Sans doute, je ne pouvais pas m'empêcher de reconnaître qu'il avait raison. Je ne regrettais pas beaucoup mon acte. Mais tant d'acharnement m'étonnait. J'aurais voulu essayer de lui expliquer cordialement, presque avec affection, que je n'avais jamais pu regretter vraiment quelque chose. J'étais toujours pris par ce qui allait arriver, par aujourd'hui ou par demain. Mais naturellement, dans l'état où l'on m'avait mis, je ne pouvais parler à personne sur ce ton. Je n'avais pas le droit de me montrer affectueux, d'avoir de la bonne volonté. Et j'ai essayé d'écouter encore parce que le procureur s'est mis à parler de mon âme.

Il disait qu'il s'était penché sur elle et qu'il n'avait rien trouvé, messieurs les jurés. Il disait qu'à la vérité, je n'en avais point, d'âme, et que rien d'humain, et pas un des principes moraux qui gardent le cœur des hommes ne m'était accessible. "Sans doute, ajoutait-il, nous ne saurions le lui reprocher. Ce qu'il ne saurait acquérir, nous ne pouvons nous plaindre qu'il en manque. Mais quand il s'agit de cette cour, la vertu toute négative de la tolérance doit se muer en celle, moins facile, mais plus élevée, de la justice. Surtout lorsque le vide du cœur tel qu'on le découvre chez cet homme devient un gouffre où la société peut succomber." C'est alors qu'il a parlé de mon attitude envers maman. Il a répété ce qu'il avait dit pendant les débats. Mais il a été beaucoup plus long que lorsqu'il parlait de mon crime, si long même que, finalement, je n'ai plus senti que la chaleur de cette matinée. Jusqu'au moment, du moins, où l'avocat général s'est arrêté et, après un moment de silence, a repris d'une voix très basse et très pénétrée : "Cette même cour, messieurs, va juger demain le plus abominable des forfaits : le meurtre d'un père." Selon lui, l'imagination reculait devant cet atroce attentat. Il osait espérer que la justice des hommes punirait sans faiblesse. Mais, il ne craignait pas de le dire, l'horreur que lui inspirait ce crime le cédait presque à celle qu'il ressentait devant mon insensibilité. Toujours selon lui, un homme qui tuait moralement sa mère se retranchait de la société des hommes au même titre que celui qui portait une main meurtrière sur l'auteur de ses jours. Dans tous les cas, le premier préparait les actes du second, il les annonçait en quelque sorte et il les légitimait. "J'en suis persuadé, messieurs, a-t-il ajouté en élevant la voix, vous ne trouverez pas ma pensée trop audacieuse, si je dis que l'homme qui est assis sur ce banc est coupable aussi du meurtre que cette cour devra juger demain. Il doit être puni en conséquence." Ici, le procureur a essuyé son visage brillant de sueur. Il a dit enfin que son devoir était douloureux, mais qu'il l'accomplirait fermement. Il a déclaré que je n'avais rien à faire avec une société dont je méconnaissais les règles les plus essentielles et que je ne pouvais pas en appeler à ce cœur humain dont j'ignorais les réactions élémentaires. "Je vous demande la tête de cet homme, a-t-il dit, et c'est le cœur léger que je vous la demande. Car s'il m'est arrivé au cours de ma déjà longue carrière de réclamer des peines capitales, jamais autant qu'aujourd'hui, je n'ai senti ce pénible devoir compensé, balancé, éclairé par la conscience d'un commandement impérieux et sacré et par l'horreur que je ressens devant un visage d'homme où je ne lis rien que de monstrueux."

Quand le procureur s'est rassis, il y a eu un moment de silence assez long. »

—— Albert Camus, *L'Étranger*, 1957.

E. Renaissance(s) contemporaine(s)

Même si l'époque contemporaine conserve une pratique rhétorique active dans certains domaines – les sphères juridique et politique, la publicité – la rhétorique vaut surtout, à notre époque, comme un art du lecteur. Nous allons donc commencer par retracer, brièvement, les étapes de sa redécouverte critique au xxᵉ siècle en France.

a. Réhabilitation de la tradition

La première redécouverte de la rhétorique est le fait d'écrivains, qui s'y intéressent d'un point de vue critique, dans les années 30 et 40 : Paul

Valéry (*Variété*, 1935), Raymond Queneau (*Bâtons, chiffres et lettres*, 1937), et surtout Jean Paulhan qui, dans *Les Fleurs de Tarbes ou la Terreur dans les lettres* (1941), réhabilite, du point de vue de l'écrivain, l'approche rhétorique du discours. Il l'oppose en effet très fortement à ce qu'il appelle la « Terreur » romantique, c'est-à-dire la revendication d'une pureté absolue de l'expression verbale par rapport à tout travail du langage, et montre que ce refus radical de la tradition rhétorique doit être compris comme une véritable « misologie » (ou haine du langage).

Cette première vague de découvreurs, ou plutôt de « redécouvreurs », est suivie, à partir de la fin des années 60, d'une deuxième, constituée cette fois de critiques. En 1970, Roland Barthes publie « L'Ancienne Rhétorique. Aide-mémoire », un article qui fait la synthèse du séminaire qu'il a animé en 1964-1965 à l'École pratique des hautes études ; quant aux articles de Gérard Genette, « Rhétorique et enseignement » et « La Rhétorique restreinte », ils datent respectivement de 1966 et 1972. La perspective de ces travaux est plus historique, en particulier pour l'article de Barthes, qui a l'ambition de restituer dans son ensemble l'héritage de la rhétorique antique.

b. Résurgences théoriques

Certaines réflexions contemporaines sur le langage retrouvent la perspective rhétorique. Ces « résurgences » théoriques se développent selon deux axes : l'étude de l'argumentation et l'élaboration d'une pragmatique linguistique.

• La redécouverte de l'argumentation

Le renouveau de l'étude de l'argumentation au XXᵉ siècle remonte à la fin des années cinquante, et reste essentiellement lié aux écrits de Stephen Toulmin et Chaïm Perelman.

Tous deux venus de la logique, Toulmin et Perelman cherchent à définir une rationalité propre à l'argumentation dans l'ordre du vraisemblable, c'est-à-dire à fonder les jugements de valeur. Leurs ouvrages majeurs sont publiés la même année, en 1958 : *The Uses of Argument* (*Les Usages de l'argumentation*) pour Toulmin, le *Traité de l'argumentation. La Nouvelle Rhétorique* pour Chaïm Perelman, en collaboration avec Lucie Olbrechts-Tyteca.

Toulmin propose une théorie qui s'attache exclusivement au discours lui-même, en négligeant absolument l'orateur et l'auditoire : ses travaux adoptent une perspective quasi-logique.

Perelman, en revanche, conçoit l'argumentation comme une « rencontre d'esprits » : la pensée rhétorique est pour lui étroitement liée à l'idée d'*auditoire*. Il distingue sur ce point l'auditoire *particulier* – le public effectif témoin de la prononciation d'un discours – de l'auditoire *universel*, qui peut être défini comme une construction mentale de l'orateur (cet auditoire est en ce sens propre, donc « particulier », à chaque orateur), lui permettant de sélectionner les arguments à utiliser pour convaincre son public. L'auditoire universel fonctionne comme une norme de sélection des arguments.

Perelman propose en outre un classement intéressant des différents types d'arguments. Il distingue :
– les arguments *quasi-logiques* : qui mettent en œuvre des relations de contradiction, d'identité, de définition, d'inclusion, ou qui invoquent des mesures.

Exemple

« En marchant aux Français et aux Impériaux il[1] écrivit à madame la markgrave de Bareith sa sœur qu'il se ferait tuer. Mais il fut plus heureux qu'il ne le disait, et qu'il ne le croyait. Il attendit le 5 novembre 1757 l'armée française et impériale dans un poste assez avantageux, à Rosbac sur les frontières de la Saxe. Et comme il avait toujours parlé de se faire tuer, il voulut que son frère le prince Henry acquittât sa promesse à la tête de cinq bataillons prussiens, qui devaient soutenir le premier effort des armées ennemies, tandis que son artillerie les foudroierait, et que sa cavalerie attaquerait la leur.
En effet, le prince Henry fut légèrement blessé à la gorge, d'un coup de fusil ; et ce fut, je crois, le seul Prussien blessé à cette journée. Les Français et les Autrichiens s'enfuirent à la première décharge. Ce fut la déroute la plus inouïe et la plus complète dont l'histoire ait jamais parlé. Cette bataille de Rosbac sera longtemps célèbre. On vit trente mille Français, et vingt mille Impériaux prendre une fuite honteuse et précipitée devant cinq bataillons et quelques escadrons. Les défaites d'Azincour, de Crécy, de Poitiers, ne furent pas si humiliantes. »

Voltaire, *Mémoires*.

Pour amplifier la déroute superlative (« la plus inouïe et la plus complète dont l'histoire ait jamais parlé ») de Rosbach, le récit de Voltaire a recours à la forme *quasi-logique* du nombre : les numéraux ordinaux (« la première décharge ») et cardinaux (« cinq bataillons », « trente mille

---

1. Il s'agit du roi de Prusse.

Français et vingt mille Impériaux »), qui signalent entre les forces en présence un déséquilibre extrême et en même temps exactement quantifié, donnent sa *mesure* précise à une défaite d'autant plus humiliante qu'elle est paradoxale.

– les arguments *fondés sur la structure du réel* : qui reposent sur des relations de succession, de causalité ou de coexistence. Se retrouvent ici les différents modes de la *déduction*.

– les arguments *qui fondent la structure du réel* : qui recouvrent les argumentations par l'*exemple*, l'*illustration* (c'est-à-dire le cas particulier servant à illustrer, donc à renforcer dans l'esprit de l'auditoire, une règle donnée) ou le *modèle* (le cas particulier présenté comme un modèle à imiter) : cette classe d'arguments rejoint le raisonnement par *induction*.

• **Le développement de la pragmatique**
La pragmatique linguistique, en se donnant pour objet le langage considéré comme un acte (*pragma* signifie « action » en grec ancien), se place dans une filiation évidente par rapport à la rhétorique, même si cet héritage n'est pas toujours explicitement revendiqué.

Cette discipline linguistique se développe dans les années 50, autour de chercheurs comme Austin (son livre *Quand dire, c'est faire*, publié en 1962, reprend des conférences prononcées à Harvard en 1955) et Searle (*Les actes de langage*, 1969). Elle élabore notamment la notion de *performativité*, qui renvoie aux énoncés dont le référent (la réalité qu'ils désignent) est constitué par le fait même de leur énonciation. On dira ainsi que le verbe *promettre* est un verbe performatif : *faire* une promesse, c'est *dire* : « je promets ». La verbalisation suffit à accomplir pleinement l'action.

La pragmatique étudie également les mécanismes de l'interprétation et de la réinterprétation des énoncés, définissant par exemple comme un *acte de langage indirect* un énoncé comme « Avez-vous l'heure ? », dans la mesure où il est en fait compris par son destinataire non comme une question, mais comme une injonction (« Dites-moi l'heure qu'il est »).

Notre objet n'étant pas ici de proposer un exposé, même bref, de l'ensemble des concepts pragmatiques, nous ne pouvons sur ce point que renvoyer le lecteur aux ouvrages cités [1], en soulignant leur grande utilité pour qui s'intéresse à l'analyse des textes.

---

1. Ainsi qu'à Olivier Soutet, *Linguistique*, PUF, 1995, pour une présentation d'ensemble des enjeux de la pragmatique.

Exemple

La gouvernante : Quoi? Qu'est-ce que c'est?

La voix : Le roi, vous ai-je dit. C'est le roi qui est à votre porte.

La gouvernante : Quel roi?

La voix : Le roi Parfait, dix-septième du nom. Le cardinal de la Rosette, mon ministre, est avec moi.

La gouvernante : Ça, c'est le bouquet.

La voix : Je suis Parfait, roi d'Occident.

La gouvernante : La princesse n'est point levée encore.

La voix : Je laisse la parole au cardinal.

Une autre voix : Nous avons fait force de brides, précisément, pour surprendre la princesse avant l'heure du lever. Mais que la princesse daigne se hâter de nous permettre de pénétrer.

Alarica : La porte n'est pas close.

La gouvernante : Tu perds l'esprit. Attends au moins que je me mette debout. Cette fois, sans erreur, c'est le roi. Tu t'en souviens, de ton texte?

Entrent le roi Parfait et le cardinal de la Rosette.

Jacques Audiberti, Le Mal court.

En ce début du deuxième acte de la pièce, l'assertion de la princesse Alarica – « La porte n'est pas close » – est réinterprétée dans l'espace scénique comme une injonction (une invitation à entrer) aussi bien par le roi et son ministre, qui pénètrent effectivement dans la chambre, que par la gouvernante, dont la réplique manifeste l'affolement.

c. Rhétorique et littérature

Le livre d'Aaron Kibédi-Varga, *Rhétorique et littérature. Études de structures classiques*, publié en 1970, a inauguré la mise en œuvre critique de l'héritage rhétorique, en commençant par un objet qui lui est évidemment particulièrement approprié : le texte classique.

Du point de vue des écrivains eux-mêmes, on constate que la promotion théorique et critique que nous venons de décrire a eu assez vite des effets en retour : dans la deuxième moitié du XXe siècle, la rhétorique se montre à nouveau capable de donner forme à l'écriture littéraire. Il faut souligner de ce point de vue le rôle fondamental du séminaire de Barthes à l'École pratique des hautes études, suivi notamment par Georges Perec, qui lui doit en particulier la notion de *lieu*, devenue centrale dans son écriture.

Les *Exercices de style* de Queneau (1947), dont les premiers sont écrits pendant la Seconde Guerre mondiale, font ainsi de la rhétorique un moyen de l'écriture littéraire, par le biais de l'*élocution*. Ils mettent en effet en œuvre certaines catégories qui lui sont apparentées, recherchant la *variation* – le même schéma narratif est formulé de 99 manières différentes – et l'abondance (ou *copia*[1]) de l'écriture. Certains exercices, comme « Ampoulé » et « Vulgaire », qui se suivent dans le recueil, font en outre intervenir la question des niveaux de style.

La rhétorique n'est d'ailleurs pas seulement un moyen de l'écriture dans la littérature contemporaine : elle devient aussi parfois son objet même, par exemple dans *L'Abominable Tisonnier de John McTaggart Ellis McTaggart et autres vies plus ou moins brèves* de Jacques Roubaud (1997), dont le premier chapitre rapporte la « vie brève » du rhéteur Hermogène.

Exemple

« Monsieur l'huissier, il me semble préférable de vous prévenir que la saisie de ce poste risque de précipiter ma mère dans le pire des cauchemars, mon audace m'épata, car ce banal appareil, dis-je, en pointant sur la télé un doigt professoral, exerce sur l'esprit estropié de maman une véritable action prophylactique, je dirais même une action fortifiante et régénératrice qui n'est point à négliger. En une occurrence aussi adverse, pensai-je, un peu de chantage ne nuirait pas. Et je lui représentai les nombreux avantages qui pouvaient résulter, pour ma mère, de la présence d'un tel médicament. Il permet en effet à celle-ci, alléguai-je, d'entretenir de longues conversations avec l'écran qui soulagent son cerveau malade, conversations de très loin préférables à celles que nous avons ensemble, toutes frappées au coin d'une mutuelle incompréhension. (...) La télé, paradoxalement, monsieur l'huissier, offre à ma mère, dans son immatérielle et chimérique existence, un contrepoint stable de réalité, je ne sais si je me fais comprendre, un phare en quelque sorte dans la nuit de son esprit (j'ai un faible pour les images poétiques, quoique je m'en défende), un repère terrestre, assuré, permanent et quasiment invariable d'un jour sur l'autre (la même soupe infâme chaque jour, corrigeai-je en

---

1. La *variation* apparaît comme la notion fondamentale de l'apprentissage rhétorique : elle définit en effet depuis l'Antiquité le principe même des exercices imaginés par les pédagogues. Les notions de *variation* et de *copia* sont par ailleurs reliées, dans la mesure où la juxtaposition des variations implique la *variété* du discours, c'est-à-dire précisément l'un des éléments (touchant aussi bien les points de vue traités que l'expression) qui permet depuis l'Antiquité classique de définir la richesse d'un discours.

moi-même) auquel elle se raccroche afin de se défendre des vertiges et des sauts dans le vide où son âme sans cesse est appelée.

(…) Je n'irai donc pas, monsieur l'huissier, par quatre chemins, mon aplomb m'émerveillait, et je dirai en conclusion que cet instrument que l'on cherche méchamment à nous confisquer est nécessaire à ma maman puisqu'il l'éclaire, l'apaise, l'inspire et vient nourrir son éloquence et son lyrisme naturels. Pour toutes ces raisons et d'autres que je ne peux vous dire, vous lui infligeriez, en lui sucrant cet appareil qui est pour elle rien moins, je le répète, qu'une prothèse, vous lui infligeriez un tort considérable. »

Lydie Salvayre, *La Compagnie des spectres*, 1997.

La Compagnie des spectres met en scène Rose et Louisiane, une mère et sa fille qui vivent recluses et reçoivent un jour la visite d'un huissier chargé de procéder à l'inventaire de leurs biens avant saisie. Tout le roman consiste en l'affrontement de leurs discours, adressés ou non à l'huissier. La rhétorique constitue la charpente même du livre, et la question de la persuasion commande toute sa progression. Le roman, de ce fait, même si les catégories rhétoriques n'y sont pas forcément explicitées, est entièrement analysable selon leurs termes.

Dans ce passage, le discours de la fille affiche très clairement sa finalité persuasive, et plus précisément *délibérative* (la question du « préférable » est posée depuis le début), en mettant en avant ses différents éléments constitutifs :
– son *invention*, par l'énoncé clair et motivé (« un peu de chantage ne nuirait pas ») des arguments utilisés ;
– sa *disposition*, en soulignant les articulations essentielles : le passage à la *péroraison* est explicitement marqué (« je dirai en conclusion »), et la fonction de récapitulation de cette partie de clôture nettement désignée (« pour toutes ces raisons ») ;
– son *élocution*, dans une parenthèse (« j'ai un faible pour les images poétiques »). Le jeu sur les niveaux de style est par ailleurs très appuyé, créant ici un fort contraste entre les deux premiers paragraphes, qui relèvent du style élevé, et l'emploi familier du verbe « sucrer » dans le troisième ;
– l'*action* de son locuteur : le gérondif « en pointant sur la télé un doigt professoral » rattache l'action oratoire à l'*ethos* (ici « professoral ») que cherche à se créer la jeune fille.
Le texte est caractérisé, de manière générale, par une forte réflexivité : le personnage commente à de nombreuses reprises sa propre activité

oratoire (« mon aplomb m'émerveillait », par exemple), insiste sur le caractère construit de son discours en distinguant nettement son *ethos* de ses opinions personnelles (« la même soupe infâme chaque jour, corrigeai-je en moi-même »), et mentionne à la fin la catégorie qui commande toute sa prise de parole : l'éloquence.

Commentaires
intégraux

L'exercice est celui du commentaire composé. Il s'agit d'organiser un commentaire selon un plan qui ne reprenne pas la *disposition* du texte à étudier. Ce plan doit être

– divisé en un nombre variable de parties (de deux à quatre en pratique) ;
– encadré, sur le modèle rhétorique du discours avec lequel nous sommes à présent familiers (la finalité du commentaire étant bien d'être persuasif pour son lecteur), par

– une *introduction*, qui a pour but de présenter le texte et de formuler à son sujet une hypothèse de lecture qui constituera une ligne directrice pour le commentaire ;
– et une *conclusion*, dont l'objectif est de rassembler de manière synthétique les acquis de l'étude, en revenant sur l'hypothèse de lecture proposée en introduction (et en y répondant, s'il s'agissait d'une question).

Le reste est affaire de lecture attentive, et de disponibilité.

COMMENTAIRE 1 : Louise Labé, *Sonnets,* « Ô longs désirs, ô espérances vaines »

Ô longs désirs, ô espérances vaines,
Tristes soupirs et larmes coutumières
À engendrer de moi maintes rivières,
Dont mes deux yeux sont sources et fontaines !

Ô cruautés, ô durtés inhumaines,
Piteux regards des célestes lumières,
Du cœur transi ô passions premières,
Estimez-vous croître encore mes peines ?

Qu'encor Amour sur moi son arc essaie,
Que nouveaux feux me jette et nouveaux dards,
Qu'il se dépite[1], et pis qu'il pourra fasse :

Car je suis tant navrée[2] en toutes parts
Que plus en moi une nouvelle plaie,
Pour m'empirer, ne pourrait trouver place.

Ce sonnet décasyllabique (le décasyllabe, vers de dix syllabes, est le mètre classique de la poésie du XVIᵉ siècle) de Louise Labé associe le lyrisme du sentiment à une forme extrêmement travaillée, marquée en particulier par une réécriture appuyée de Pétrarque et des poètes pétrarquistes. Il est en cela tout à fait représentatif de la poésie amoureuse de l'école lyonnaise,

---

1. Le participe passé a ici son sens, originel en français, de « blessée ».
2. Le verbe « se dépiter » a le sens de « s'irriter ».

à laquelle se rattachent également les noms de Maurice Scève et Pernette du Guillet.

Le poème se présente très explicitement comme un discours, clairement tourné vers un (des) destinataire(s). Les apostrophes et l'interrogation rhétorique des quatrains, l'appel à l'Amour du premier tercet, semblent l'orienter vers le genre *délibératif* : il s'agirait apparemment de peser sur l'action future de l'Amour.

Or, le second tercet est constitué d'une assertion à l'indicatif, qui nie fermement toute possibilité d'une action supplémentaire de l'Amour sur le *je* poétique. La relation dialogique, très appuyée au début du poème, se referme donc à la fin. Notre commentaire se propose d'explorer cette tension qui définit le sonnet, entre ouverture discursive et clôture sur soi.

a. La dissociation du *moi* amoureux

Le poème nous met face à un *moi* à la fois pluralisé et éclaté.

Le *moi* amoureux est en effet décliné en une série de pluriels dans les deux premiers vers (unis sur le plan sonore par la répétition des phonèmes [i] et [m]), à laquelle s'ajoutent deux occurrences empruntées aux vers 7 et 8 : « ô passions premières », « mes peines ». L'usage de déterminants indéfinis pluriels – « maintes rivières » (v. 3), « en toutes parts » (v. 12) – renforce cet effet de dissociation du sujet.

Or, ce *moi* pluralisé est aussi un *moi* éclaté, tant du point de vue psychique que physique :

• **la dissociation psychique :** les « désirs », les « espérances » (v. 1) et les « passions » (v. 8) apparaissent comme autant de métonymies (figures de sens fondées sur des relations de contiguïté) du *moi* amoureux.

• **la dissociation physique :** au vers 2, l'inscription physique des sentiments désignés au vers 1 se conforme au même principe métonymique, fondé ici sur la gradation des « soupirs » aux « larmes » (que l'adjectif « coutumières » placé à la rime présente comme une caractéristique générale du *moi*). Le vers 2 aboutit ainsi à l'apparition d'une instance métonymique stable, qui engendre dans le vers suivant la métaphore hyperbolique des « rivières », encore renforcée par le déterminant indéfini pluriel « maintes ». Il s'agit là d'un *topos* de la poésie pétrarquiste, qui se développe en une métaphore filée.

Le vers 4 mérite de ce point de vue un examen détaillé : le groupe nominal coordonné « sources et fontaines » fait en effet problème sémantiquement. Le terme *fontaine* ne désigne pas nécessairement à l'époque une construction artificielle, même si le sens de « construction aménagée

pour l'écoulement de l'eau » apparaît à la fin du XIVe siècle, mais il n'en demeure pas moins que les deux noms sont alors parfaitement redondants l'un par rapport à l'autre. On peut expliquer cette redondance par la rencontre, en cet endroit du poème, de deux cohérences hétérogènes :
– l'une métaphorique : à partir du moment où les larmes sont des rivières, les yeux ne peuvent que devenir des sources ;
– l'autre formelle : tout ce premier quatrain est fondé sur une construction binaire très marquée, par la syntaxe dans les deux premiers vers, puis sémantiquement dans l'évocation au vers 4 des *deux* yeux.

Tout se passe comme si le texte ne choisissait pas entre ces deux cohérences, et prenait donc le parti d'ajouter les « fontaines » aux « sources », obtenant ainsi une coordination binaire.

Le sonnet nous présente en somme l'*ethos* d'un locuteur presque dépersonnalisé, image que construisent certains aspects de l'*élocution*, notamment le passage de la première à la troisième personne. Le *moi* amoureux est désigné au vers 7 par une forme nominale qui échappe à la première personne (« du cœur transi », placé en tête de vers), le pronom sujet *je* n'apparaissant qu'au vers 12, pour se dire « navrée » (blessée) : le sujet du poème n'est grammaticalement présent que pour se désigner comme amoindri, mutilé.

b. Du délibératif à l'épidictique

• **Structure énonciative du poème :** l'allocution (à une collection d'instances métonymiques du *je*) est à l'évidence la figure fondamentale du poème. Empruntant la forme grammaticale de l'apostrophe, renforcée par l'interjection *ô*, elle ouvre chacun des deux quatrains, soulignant ainsi les éléments constitutifs de l'architecture du sonnet, et est reprise au vers 7. La répétition de l'apostrophe implique cependant une certaine variation : au chiasme[1] de la première occurrence, répété au vers 2, répond la construction du vers 5, où l'adjectif « inhumaines » porte probablement sur les deux noms qui précèdent.

Par ailleurs, les formes verbales au subjonctif du premier tercet marquent fortement sur le plan grammatical – la « béquille » *que* est en tête des trois vers – le passage, après les quatrains, des *effets* de l'amour sur le sujet à la *cause* de cet éclatement métonymique. L'action de l'Amour lui-même, grammaticalement représentée au vers 9 par la succession immédiate de formes de la première et de la troisième personne (« sur *moi son* arc essaie »), est à présent au centre du propos.

---

1. Figure de construction réalisant une structure en miroir (ABBA). Ici, les noms sont encadrés par les adjectifs.

On peut donc considérer que le sonnet, en paraissant ainsi recher-cher un impact sur l'action ultérieure de l'Amour, se rattache au genre *délibératif*, qui se définit par l'orientation vers l'avenir et la volonté d'in-citer à une action.

• **L'argumentation :** ce discours délibératif repose sur une argumenta-tion serrée, renforcée par une organisation phrastique très stricte : chacun des quatrains se compose d'une phrase, les deux tercets constituant ensemble une seule phrase.

Sans revenir sur le quasi-*tekmèrion* des larmes, dont nous avons rendu compte dans le premier chapitre (voir p. 15), nous essayerons à présent de montrer que l'argumentation mise en œuvre dans le poème adopte la forme du *syllogisme*.

L'enjeu argumentatif du sonnet n'est pas la souffrance amoureuse elle-même, dont la crédibilité est donnée pour acquise par le *tekmèrion* des larmes, mais son renchérissement.

Ce renchérissement est marqué lexicalement par les adverbes « encore » (v. 9), qui articule les tercets aux quatrains, et « plus » (v. 13), par l'adjectif « nouveaux » (v. 10 et 13) et le comparatif « pis » (v. 11), auquel on ajoutera le verbe « empirer » (v. 14), formé sur cette base. Certaines figures jouent également un rôle de ce point de vue :
– les figures de répétition, sonore (en particulier l'allitération en [s] du vers 9 et l'allitération en [p] des vers 11 et 14) ou lexicale : la dérivation (l'utilisation rapprochée de termes de la même famille morphologique) « pis »/« empirer » ;
– l'accumulation des métaphores pétrarquistes figées : l'« arc » (v. 9), les « feux » et les « dards » (le terme désigne originellement une arme de jet) constituent les attributs parfaitement codés de l'Amour ;
– les figures d'amplification : la paraphrase du premier tercet (les trois vers peuvent se lire comme autant de variations de la même idée fonda-mentale) et la personnification de l'Amour, appuyée par celle des astres aux « regards » pitoyables (v. 6).

Autour de cet enjeu, le poème se fonde, logiquement, sur un syllo-gisme. Cette armature logique est perceptible au début du deuxième tercet : son premier vers commence en effet par le connecteur argumen-tatif « car », qui introduit ici la négation radicale de la possibilité des actions mentionnées par le premier tercet.

On peut formuler ainsi ce syllogisme :
– Amour fait souffrir (majeure) ;
– Or je souffre à un degré extrême (mineure) ;
– Donc je ne puis souffrir davantage (conclusion).

La *majeure* relève d'une idéologie, celle de la vision pétrarquiste de l'amour, la *mineure* étant quant à elle étayée par les quatrains, et en particulier par le *tekmèrion* des larmes. Le syllogisme est dans son ensemble soutenu grammaticalement par la corrélation « tant... que » (v. 12-13), qui pose une relation de cause à conséquence.

La pointe du sonnet (c'est-à-dire sa résolution frappante, voire surprenante), typique de la *disposition* des sonnets pétrarquistes, est ici constituée par tout le deuxième tercet. Elle est donc de nature argumentative et réflexive : elle consiste en la révélation de la structure de syllogisme sous-jacente au poème.

Le sonnet se clôt sur la formulation d'un paradoxe : toute souffrance supplémentaire est impossible parce que la souffrance du *je* amoureux est déjà trop grande. Ce paradoxe est donc étayé par le *lieu commun* de la quantité (il s'agit ici de la mesure de la souffrance amoureuse), et par la métaphore de la « plaie » (v. 13), renforcée par son association, en fin de vers, au nom « place », dans une relation de paronomase (figure de répétition sonore qui consiste en la mise en relation de termes phonétiquement presque identiques). En le concrétisant, la métaphore rend l'argument plausible : la figure est ici tout à fait indispensable à l'argumentation. On peut ajouter que cette négation de la souffrance amoureuse avait été annoncée dès le premier quatrain, par la rime « vaines » / « fontaines » (la fontaine apparaissant, on l'a vu, comme un substitut métaphorique de la souffrance).

La fin du poème nous fait donc passer du *délibératif* à l'*épidictique* : l'argumentation récuse toute nouvelle action de l'Amour, et le deuxième tercet est totalement centré sur le sujet amoureux, qui devient la figure exemplaire de l'amante souffrante.

Pour conclure

Ce sonnet, poème d'amour qui finit par refuser à l'Amour toute possibilité d'agir à nouveau sur le *je*, est placé sous le signe du paradoxe. Ce paradoxe a des conséquences sur le genre rhétorique du poème : l'épidictique se substitue finalement au délibératif, qui n'est en fait que le genre apparent du sonnet. Or, le deuxième tercet est une traduction assez fidèle – la Renaissance ne connaît pas nos notions modernes d'auteur et de propriété littéraire – de Sannazar [1] : au xvie siècle en particulier, le lyrisme amoureux n'exclut pas l'intertextualité [2]. Le changement de voix aucto-

---

1. Poète napolitain. Il a publié en 1504 l'*Arcadie*, qui mêle la prose aux vers, un des grands succès éditoriaux du siècle.
2. La notion d'*intertextualité* recouvre toutes les relations d'emprunt qu'entretiennent entre eux les textes littéraires : citations, réécritures plus lointaines, allusions...

riale renforce ainsi l'architecture du sonnet, en se superposant très exactement à la succession des genres rhétoriques.

Le ressort rhétorique du poème consiste en ce jeu sur les genres, qui permet de donner comme irréfutable, dans le cadre d'une esthétique pétrarquiste liant fortement l'amour à la souffrance, la transformation du *moi* en une figure exemplaire de l'amante.

Le sonnet feint de s'appuyer sur une argumentation de forme syllogistique, c'est-à-dire sur des preuves *logiques*, pour trouver en fait son aboutissement dans la construction d'un *ethos*, celui de l'amante exemplaire, censé emporter *pathétiquement* (par l'appel au *pathos*) la conviction du lecteur.

COMMENTAIRE 2 : Stendhal, *Le Rouge et le Noir*, livre second, chapitre XLI

« Messieurs les jurés,
L'horreur du mépris, que je croyais pouvoir braver au moment de la mort, me fait prendre la parole. Messieurs, je n'ai point l'honneur d'appartenir à votre classe, vous voyez en moi un paysan qui s'est révolté contre la bassesse de sa fortune.

Je ne vous demande aucune grâce, continua Julien en affermissant sa voix. Je ne me fais point illusion, la mort m'attend : elle sera juste. J'ai pu attenter aux jours de la femme la plus digne de tous les respects, de tous les hommages. Madame de Rênal avait été pour moi comme une mère. Mon crime est atroce, et il fut *prémédité*. J'ai donc mérité la mort, messieurs les jurés. Mais quand je serais moins coupable, je vois des hommes qui, sans s'arrêter à ce que ma jeunesse peut mériter de pitié, voudront punir en moi et décourager à jamais cette classe de jeunes gens qui, nés dans une classe inférieure et en quelque sorte opprimés par la pauvreté, ont le bonheur de se procurer une bonne éducation, et l'audace de se mêler à ce que l'orgueil des gens riches appelle la société.

Voilà mon crime, messieurs, et il sera puni avec d'autant plus de sévérité, que, dans le fait, je ne suis point jugé par mes pairs. Je ne vois point sur les bancs des jurés quelque paysan enrichi, mais uniquement des bourgeois indignés."

Pendant vingt minutes, Julien parla sur ce ton ; il dit tout ce qu'il avait sur le cœur ; l'avocat général, qui aspirait aux faveurs de l'aristocratie, bondissait sur son siège ; mais malgré le tour un peu abstrait que Julien avait donné à la discussion, toutes les femmes fondaient en larmes. Madame Derville elle-même avait son mouchoir sur ses yeux. Avant de finir, Julien revint à la préméditation, à son repentir, au respect, à l'adoration filiale et sans bornes que, dans les temps plus heureux, il avait pour madame de Rênal. Madame Derville jeta un cri et s'évanouit. »

La déclaration finale de Julien Sorel lors de son procès (après la plaidoirie de son avocat) témoigne, nous l'avons noté dans le premier chapitre (voir p. 19), d'une ambivalence marquée au sein du genre judiciaire, hésitant entre réquisitoire (« J'ai donc mérité la mort, messieurs les jurés ») et plaidoyer.

Notre commentaire s'efforcera donc d'examiner précisément les modalités de cette tension rhétorique.

a. L'éloquence judiciaire

L'éloquence judiciaire est ici prise en charge à la fois par le *discours* et le *récit* (dans le dernier paragraphe). Nous aurons à revenir sur l'usage, dans le passage, de ces deux modes de restitution de la parole.

• L'architecture énonciative du discours
Les structures énonciatives sont fortement marquées, aussi bien en ce qui concerne le locuteur que l'allocutaire :
– *le locuteur* est présent à travers les marques de la première personne (les pronoms *je, me, moi*, les déterminants possessifs *mon* et *ma*), les formes verbales au présent de l'indicatif et au passé composé (« j'ai pu attenter »), qui manifestent dans le texte le présent de l'énonciation, et les modalisations, qui signalent l'adhésion plus ou moins forte du locuteur à son propre énoncé (« en quelque sorte ») ;
– *l'allocutaire* paraît ici double. Se manifeste d'une part un allocutaire explicite, le jury, directement apostrophé par Julien (« messieurs »), présent également par les pronoms et déterminants de la deuxième personne du pluriel. Cet allocutaire explicite, impliqué par la situation juridique construite par la fiction, est d'autre part relayé dans le passage par un allocutaire implicite : le public féminin. Si le public constitue bien sûr un élément à part entière de la dramaturgie d'un procès d'assises, le passage en use toutefois de manière très spécifique, en le faisant intervenir pour déplacer la réception du discours : le texte montre en effet Julien s'adressant aux jurés, et son discours reçu par l'avocat général et le public féminin.

On observe ainsi un décalage énonciatif entre la production et la réception du discours, qui correspond à un changement de destinataire. On peut expliquer par là la facture du passage, qui fait usage à la fois du discours et du récit : c'est précisément la prise en charge successive du réquisitoire/plaidoyer de Julien par le discours, puis par le récit, qui permet de déplacer ainsi sa réception.

• La disposition

La disposition du discours est très classique. On distingue :

– *un exorde* (jusqu'à « elle sera juste »). Cette partie introductive reprend, parfois en les détournant, un certain nombre d'éléments traditionnels : la mise en place de l'*ethos* de l'orateur, en présentant un noble sentiment (« l'horreur du mépris ») comme l'impulsion première de la prise de parole, et le recours à deux procédés négatifs, l'*excusatio propter infirmitatem*, ici sociale (« je n'ai point l'honneur d'appartenir à votre classe, vous voyez en moi un paysan »), et l'énoncé négatif (« je ne vous demande aucune grâce »). Ce type de formule, topique, a habituellement valeur de prétérition. Dans ce contexte, en revanche, il ne s'agit pas d'une prétérition, mais bien d'une assertion directe. La rhétorique de l'exorde se trouve en ce sens distordue, cette distorsion allant de pair avec celle de la situation juridique elle-même : l'accusé se fait ici son propre accusateur, prononçant à son sujet un réquisitoire beaucoup plus qu'un plaidoyer.

On notera par ailleurs que cette ouverture d'un discours censé être prononcé en public est caractérisée par une recherche marquée des répétitions sonores, en particulier avec l'allitération en [p].

– *une narration* (jusqu'à « J'ai donc mérité la mort, messieurs les jurés »), qui consiste en un bref rappel des faits, d'ailleurs un peu escamotés, la tentative de meurtre de Julien étant simplement nommée (« j'ai pu attenter aux jours »).

Cette narration s'appuie sur deux points essentiels : la qualification de l'acte comme « prémédité », qui relève de l'état de cause *qualificatif*, en une phrase au rythme binaire très affirmé, alexandrin un peu désarticulé (5//7), et la fixation de la peine (« j'ai donc mérité la mort »). L'italique qui met en valeur « prémédité » peut s'interpréter comme rendant compte, par les moyens de la typographie, d'une intonation insistante de Julien (c'est-à-dire comme une restitution de l'*action* oratoire), ou comme une citation du discours juridique, Julien prenant la parole après le Président (ces deux solutions ne sont évidemment pas exclusives l'une de l'autre). En tout cas, la narration choisit clairement le cadre du réquisitoire.

• une confirmation (jusqu'à « Madame Derville elle-même avait son mouchoir sur ses yeux ») : cette partie centrale voit le retournement du discours, qui passe alors du réquisitoire au plaidoyer. Ce déplacement générique est rendu possible par l'adoption de l'état de cause qualificatif, qui aboutit ici à la requalification de la tentative de meurtre en crime social (introduite dans le discours par le présentatif « voilà »).

• une péroraison : la conclusion est dans ce passage prise en charge par le récit. Elle semble par ailleurs de constitution tout à fait traditionnelle :

le préfixe *re-* (« Julien *re*vint à la préméditation, à son repentir ») signale clairement sa fonction de récapitulation, tandis que le vocabulaire des sentiments (le « respect », « l'adoration filiale et sans bornes ») fait tout aussi clairement appel au *pathos* des destinataires (intra- et extra-diégétiques).

Les paroles prononcées par Julien sont d'abord restituées directement par le *discours*, l'action oratoire étant parfois rendue par les incises (« continua Julien en affermissant sa voix »), puis prises en charge de manière indirecte par le *récit*. Cette succession correspond au passage d'un destinataire à l'autre. Se pose dès lors une question simple, celle de la finalité de cette substitution des publics : notre deuxième partie va s'efforcer d'y répondre.

b. Le plaidoyer social

Nous partons dans cette deuxième et dernière partie d'un point déjà exposé dans le premier chapitre de cet ouvrage : la conformité du discours de Julien au modèle du *lieu commun* cicéronien, qui fait passer l'auditoire du particulier (« J'ai pu attenter aux jours de la femme la plus digne de tous les respects, de tous les hommages ») au général, en l'occurrence la question de l'ordre social (« je vois des hommes qui (...) voudront punir en moi et décourager à jamais cette classe de jeunes gens »). On peut d'ailleurs comprendre de ce point de vue la notation de temps mentionnée dans le récit (« pendant vingt minutes ») : elle signale, en l'inscrivant explicitement dans la durée, l'ampleur nécessaire à ce type de développement oratoire.

• Du particulier au général

Le discours mêle les marques personnelles que nous avons relevées dans la première partie à une signification de la généralité, qui passe d'ailleurs également par la première personne du singulier.

Le discours met en effet en place un *je* de fiction qui permet de poser, dans un univers irréel, un raisonnement *a fortiori* : « Mais quand je serais moins coupable ». Les marques formelles de la première personne se détachent alors de la personne de l'orateur, qui apparaît finalement comme un moyen terme entre le particulier et le général : comme un *exemple* (« des hommes qui (...) voudront punir *en moi* et décourager à jamais (...) »).

On observe en outre un marquage grammatical de la généralité : par les articles à valeur universelle (« la pauvreté », par exemple) et les déterminants indéfinis (« quelque paysan enrichi »).

Le caractère général du discours est d'ailleurs explicité par le récit, qui mentionne « le tour *un peu abstrait* que Julien avait donné à la discussion ».

• **L'écriture du lieu commun**

Stendhal se montre ici très au fait de la tradition rhétorique, y compris du point de vue stylistique : l'appel aux grands principes qui fondent l'ordre social, définitoire du lieu commun, est immédiatement source, comme chez Cicéron, de *pathétique*.

La preuve pathétique repose dans ce passage sur trois éléments privilégiés :

– le recours à une *écriture de l'excès* : appuyée d'abord sur l'usage d'un certain lexique (« adoration filiale »), et en particulier sur l'association, dans le passage au discours direct, de la suggestion du matricide à l'« atrocité » du crime : « Madame de Rênal avait été pour moi comme une mère. Mon crime est atroce, et il fut *prémédité*. » Le texte se relie ici très précisément à la tradition cicéronienne : le parricide (au sens général de meurtre d'un parent) est en effet à Rome un crime majeur, capable d'ébranler tout l'ordre social (le terme peut d'ailleurs aussi bien désigner, en latin et jusqu'en français classique, un crime de haute trahison), et c'est justement l'adjectif *atrox* qui, dans les discours de Cicéron, le qualifie de manière récurrente. L'excès est également marqué grammaticalement, notamment par certaines tournures négatives (« Je ne vous demande aucune grâce », « l'adoration filiale et sans bornes »), le superlatif « la plus digne », et les déterminants indéfinis de la totalité (« de tous les respects [1], de tous les hommages »).

– la tendance à la *construction binaire de l'énoncé* : on peut faire l'hypothèse que cette recherche de la binarité est commandée à la fois par le paradoxe initial – « J'ai pu attenter aux jours de la femme la plus digne de tous les respects, de tous les hommages » – et par le contraste posé entre la disposition intérieure du sujet et sa définition sociale : « Cette classe de jeunes gens qui, nés dans une classe inférieure et en quelque sorte opprimés par la pauvreté, ont le bonheur de se procurer une bonne éducation, et l'audace de se mêler à ce que l'orgueil des gens riches appelle la société. » La prédominance d'un schéma binaire concerne d'abord la phrase, dont les groupements sont en général coordonnés par *et* (« punir en moi et décourager », « ont le bonheur de se procurer une bonne éducation, et l'audace de se mêler à ce que l'orgueil des gens riches appelle la société », entre autres exemples) : la fermeture par la conjonction de coordination traduit ainsi formellement l'opposition tout aussi fermée qui

---

1. Le nom abstrait pluralisé désigne ici, métonymiquement, les marques de respect.

caractérise la position du personnage. L'architecture binaire vaut cependant aussi sur le plan sémantique : les antithèses lexicales, en particulier sociales (l'opposition « paysan »/« bourgeois », ironisée par la fausse symétrie « enrichi »/« indignés »), constituent la charpente du passage.

– la recherche d'une *immédiateté du discours* par la répétition : l'immédiateté est ici à la fois *désignée* par la récurrence du verbe *voir* (qui signifie une appréhension immédiate) dans le passage au discours direct, et *manifestée* par les figures de répétition phonique. Les allitérations sont en effet très nombreuses (en [r], en [p], en [b] et en [m] dans le premier paragraphe, par exemple), et construisent dans l'espace diégétique une parole à la présence sonore immédiate, qui implique donc *sensiblement* ses auditeurs. On voit à ce propos que l'effet des assonances et allitérations n'est en rien purement décoratif : elles contribuent ici très directement à la capacité persuasive du discours, en participant à l'élaboration de la preuve pathétique.

La prise de parole finale de Julien apparaît donc commandée par la dynamique du *lieu commun*. Le cas particulier jugé est dépassé. Il devient mise en avant, et en question, des fondements de l'organisation sociale, ce que scande la répétition, en forme de polyptote (répétition accompagnée de variations morphologiques), du terme de « classe » : « votre classe », « cette classe de jeunes gens », « une classe inférieure » (le nom « classe » est repris tout en étant introduit à chaque fois par un déterminant différent).

Comme chez Cicéron, l'appel aux grands principes fait très rapidement passer au *movere*, qui relève ici d'un pathétique social.

Pour conclure

Nous revenons, au terme de ce parcours, sur la question, déjà évoquée, de la réception du discours.

Deux réceptions bien différentes sont figurées dans le texte : celle de l'institution, représentée par les jurés et l'avocat général, définie comme une réception de classe (« des bourgeois indignés », « l'avocat général, qui aspirait aux faveurs de l'aristocratie »), et celle de « toutes les femmes », focalisée sur une auditrice particulière, madame Derville (l'amie de madame de Rênal).

Le public féminin permet d'incarner véritablement la réception pathétique du discours dans l'espace diégétique : la prise de parole de Julien a des effets proprement corporels sur cet auditoire (« toutes les femmes fondaient en larmes », « Madame Derville jeta un cri et s'évanouit »).

Cette dualité de la réception correspond, on l'a vu, à un déplacement à la fois discursif – du discours au récit, d'un destinataire inscrit explicitement dans le discours à un destinataire implicite – et dramatique : de destinataires institutionnels à des destinataires qui ne relèvent pas directement de l'institution, le public féminin.

Or, cette composition particulière du public est capitale, et définit en un sens l'enjeu même du passage. Les destinataires officiels sont en effet des hommes dont la réunion obéit à une logique de classe. La mention du public féminin se trouve dès lors liée à un enjeu politique et social, la remise en cause de l'ordre social et de son déterminisme se faisant plus aisément si l'on en appelle à un auditoire exclu, politiquement et juridiquement, de cet ordre. En insistant très fortement sur la réception du public féminin, le texte récuse de fait le public institutionnel (masculin), et contourne par là l'ordre social : cet évitement narratif renchérit sur la violente critique explicitée par le discours.

Dans l'introduction, nous caractérisions ce texte par un changement de genre : du réquisitoire au plaidoyer. Il semble finalement préférable de parler d'un déplacement, au sein du même genre (celui du réquisitoire), de l'objet du discours : du locuteur accusé à l'ensemble de l'ordre social dans lequel il s'inscrit.

COMMENTAIRE 3 : André Malraux, *La Condition humaine,* IIe partie

« Ferral ne s'assit pas :

" – Vous êtes résolu à en finir avec les communistes." Il n'interrogeait pas, il affirmait. "Nous aussi, de toute évidence." Il commença à marcher de long en large, l'épaule en avant. "Chang-Kaï-Shek est prêt à la rupture."

Ferral n'avait jamais rencontré la méfiance sur le visage d'un Chinois. Celui-ci le croyait-il ? Il lui tendit une boîte de cigarettes. Cette boîte, depuis qu'il avait décidé de ne plus fumer, était toujours ouverte sur son bureau, comme pour affirmer la force de son caractère.

"Il faut aider Chang-Kaï-Shek. C'est pour vous une question de vie ou de mort. Il n'est pas question que la situation actuelle se maintienne. À l'arrière de l'armée, dans les campagnes, les communistes commencent à organiser les Unions paysannes. Le premier décret des Unions sera la dépossession des prêteurs (Ferral ne disait pas : des usuriers). L'énorme majorité de vos capitaux est dans les campagnes, le plus clair des dépôts de vos banques est garanti par les terres. Les soviets paysans...

– Les communistes n'oseront pas faire de soviets en Chine.

– Ne jouons pas sur les mots, monsieur Liou. Unions ou soviets, les organisations communistes vont nationaliser la terre, et déclarer les créances illégales. Ces deux mesures suppriment l'essentiel des garanties au nom desquelles les crédits étrangers vous ont été accordés. Plus d'un milliard, en comptant mes amis japonais et américains. Il n'est pas question de garantir cette somme par un commerce paralysé. Et, même sans parler de nos crédits, ces décrets suffisent à faire sauter toutes les banques chinoises. De toute évidence.

– Le Kuomintang ne laissera pas faire.

– Il n'y a pas de Kuomintang. Il y a les bleus et les rouges. Ils se sont entendus jusqu'ici, mal, parce que Chang-Kaï-Shek n'avait pas d'argent. Shanghaï prise, – demain – Chang-Kaï-Shek peut presque payer son armée avec les douanes. Pas tout à fait. Il compte sur nous. Les communistes ont prêché partout la reprise des terres. On dit qu'ils s'efforcent de la retarder : trop tard. Les paysans ont entendu leurs discours, et ils ne sont pas membres de leur parti. Ils feront ce qu'ils voudront.

– Rien ne peut arrêter les paysans, que la force. Je l'ai déjà dit à M. le Consul Général de Grande-Bretagne. "

Retrouvant presque le ton de sa voix dans celui de son interlocuteur, Ferral eut l'impression qu'il le gagnait. (...)

Encore le téléphone.

"– *L'arsenal est bloqué,* dit Ferral. Tous les établissements gouvernementaux sont pris. L'armée révolutionnaire sera à Shanghaï demain. Il faut que la question soit résolue *maintenant.* Comprenez-moi bien. À la suite de la propagande communiste, de nombreuses terres ont été prises à leurs propriétaires : Chang-Kaï-Shek doit l'accepter ou donner l'ordre de faire fusiller ceux qui les ont prises. Le gouvernement rouge de Han-Kéou ne peut accepter un tel ordre.

– Il temporisera.

– Vous savez ce que sont devenues les actions des sociétés anglaises après la prise de la concession anglaise de Han-Kéou. Vous savez ce que deviendra votre situation lorsque des terres, quelles qu'elles soient, auront été légalement arrachées à leurs possesseurs. Chang-Kaï-Shek, lui, sait et dit qu'il est obligé de rompre *maintenant.* Voulez-vous l'y aider, oui ou non ?" (...)

Si les amis de Liou se décidaient, il faudrait encore lutter ; s'ils ne se décidaient pas, le communisme triompherait sans doute en Chine.

"Voici un des instants où le destin du monde tourne...", pensa Ferral avec un orgueil où il y avait de l'exaltation et de l'indifférence. Il ne quittait pas son interlocuteur du regard. Le vieillard, les yeux fermés, semblait dormir ; mais, sur le dos de ses mains, ses veines bleues, cordées, frémissaient comme des nerfs. "Il faudrait aussi un argument individuel", pensa Ferral.

"– Chang-Kaï-Shek, dit-il, ne peut pas laisser dépouiller ses officiers. Et les communistes sont décidés à l'assassiner. Il le sait."

On le disait depuis quelques jours, mais Ferral en doutait.

"– De combien de temps disposons-nous ? demanda Liou. Et aussitôt, un œil fermé, l'autre ouvert, roublard à droite, honteux à gauche :

– Êtes-vous sûr qu'il ne prendra pas l'argent sans exécuter ses promesses ?

– Il y a aussi *notre* argent, et ce n'est pas de promesses qu'il s'agit. Il *ne peut pas faire* autrement. Et comprenez-moi bien : ce n'est pas parce que vous le payez qu'il doit détruire les communistes : c'est parce qu'il doit détruire les communistes que vous le payez.

– Je vais réunir mes amis."»

Ferral, le président de la Chambre de commerce française de Shanghaï, reçoit, pendant l'insurrection qui va porter au pouvoir le général Chang-Kaï-Shek, Liou-Ti-Yu, chef de l'association des banquiers shanghaïens et président honoraire de la Chambre de commerce chinoise.

Ferral, que le récit présente comme un personnage éloquent, au sens où il est capable d'énoncer une parole efficace – dans notre passage, la réplique finale de Liou témoigne d'un réel impact de son discours – fait cependant appel de manière répétée à l'évidence, un trait d'ailleurs récurrent dans l'ensemble du roman. En témoigne notamment ce passage du tout début de la deuxième partie : «Les parlementaires en mission lui [il s'agit de Martial] avaient parlé de l'action de Ferral, avant sa chute, aux comités de la Chambre. Des qualités qui donnaient à ses discours leur netteté et leur force, il faisait en séance un tel emploi que ses collègues le détestaient chaque année davantage : il avait un talent unique pour leur refuser l'existence. Alors qu'un Jaurès, un Briand, leur conféraient une vie personnelle dont ils étaient souvent bien privés, leur donnaient l'illusion de faire appel à chacun d'eux, de vouloir les convaincre, de les entraîner dans une complicité où les eût réunis une commune expérience de la vie et des hommes, Ferral dressait une architecture de faits, et terminait par : " En face de telles conditions, il serait donc, messieurs, de toute évidence absurde..." Il contraignait ou payait...»

L'appel à l'évidence représente une forme de contrainte, clairement opposée dans la citation précédente à la volonté de «convaincre», qui constitue une véritable négation de la rhétorique, fondée par définition sur la visée d'un auditoire que l'on cherche à persuader, notamment par une certaine argumentation.

Le discours de Ferral manifesterait donc une éloquence (une efficacité de la parole) faisant l'économie d'une réelle prise en compte de l'interlocuteur pour s'en tenir aux «faits». Notre commentaire s'attachera à éclaircir ce paradoxe d'une éloquence sans rhétorique.

a. Une éloquence sans rhétorique ?

L'éloquence de Ferral se définit par deux traits essentiels : l'importance qu'il accorde aux preuves extra-techniques, et le primat du *docere*.

• Les preuves extra-techniques
L'importance des preuves extra-techniques, c'est-à-dire des preuves qui ne relèvent pas de l'art de l'orateur, équivaut de la part de celui-ci à un contournement de la rhétorique.

Relève d'abord de cette catégorie l'appel à un témoignage extérieur (le témoignage fait partie des preuves extra-techniques répertoriées par Aristote) : celui du message téléphonique. Cet exemple permet d'ailleurs de discuter les limites de la notion aristotélicienne de preuve extra-technique, dans la mesure où le message en question, d'abord explicitement cité au discours direct (marqué typographiquement par l'italique), est d'emblée intégré au discours du locuteur : les deux phrases suivantes énoncent immédiatement les implications factuelles du message rapporté.

Se rattache également à la notion de preuve extra-technique l'importance du cadre même de l'entretien, qu'on peut comprendre comme un transfert de la force de conviction du discours à sa situation spatiale. Une notation comme « Cette boîte, depuis qu'il avait décidé de ne plus fumer, était toujours ouverte sur son bureau, comme pour affirmer la force de son caractère », en particulier, représente un véritable détournement de la notion aristotélicienne d'*ethos*, dans la mesure où le « caractère » du locuteur n'est pas ici établi par son discours, mais par l'environnement matériel (les objets disposés sur son bureau) qui sert de cadre à sa prise de parole.

• **Le primat du *docere***

Les trois devoirs de l'orateur définis par Cicéron se trouvent dans ce passage pratiquement réduits au seul *docere* : on observe en particulier une prédominance écrasante des énoncés factuels ou impératifs (éventuellement relayés par les verbes « falloir » et « devoir ») dans le discours de Ferral.

Du point de vue de l'*élocution*, l'importance du *docere* va de pair avec un *atticisme* très marqué : les répliques de Ferral accumulent les phrases simples (constituées d'une seule proposition) et brèves. Cette tendance à la brièveté est parfois soulignée par des ellipses (« trop tard ») ou des hyperbates (rallonges expressives de la phrase) : « Plus d'un milliard, en comptant mes amis japonais et américains », « De toute évidence ».

Cet atticisme se caractérise en particulier par l'effacement des connecteurs argumentatifs : tout le passage est marqué par une forte tendance à l'asyndète (c'est-à-dire à la juxtaposition directe des constituants de l'énoncé), les seuls connecteurs présents étant l'adverbe « aussi » (« Il faudrait aussi un argument individuel ») et la conjonction de coordination « et ». Cette importance de l'asyndète produit d'abord l'effet d'une accumulation factuelle, mais le discours de Ferral ne se réduisant pas à une pure énumération (le troisième paragraphe, par exemple, repose sur des enchaînements de cause à effet), l'effacement des connecteurs doit en fait être compris comme la marque d'une argumentation sous-jacente, à reconstruire par l'allocutaire. Ce type d'asyndète représente donc un coup de force rhétorique de la part du locuteur : son interlocuteur, à partir du moment où il comprend le discours qui lui est adressé, ne peut qu'en restituer les connecteurs manquants, et se trouve par là fortement impliqué, voire enfermé, dans une argumentation qu'il a lui-même contribué à construire.

Ces remarques invitent à reconsidérer la question de la distance de Ferral par rapport à la rhétorique : c'est ce que nous ferons dans notre deuxième partie.

b. Présence de la rhétorique

Nous étudierons la présence de la rhétorique dans le discours de Ferral d'abord en ce qui concerne les types de preuves (objectives et subjectives), puis en posant la question de la disposition.

• **Les preuves objectives**
On distingue dans ce passage différents types d'arguments, que nous allons présenter en suivant la typologie de Perelman.

– *arguments quasi-logiques :* Ferral prend appui, dans le quatrième paragraphe, sur une évaluation quantitative (financière) : « Plus d'un milliard, en comptant mes amis japonais et américains » ;

– *arguments fondés sur la structure du réel :* il s'agit ici des arguments reposant sur des relations de causalité qui constituent l'essentiel des troisième et quatrième paragraphes et permettent d'étayer la thèse formulée au début du troisième paragraphe : « Il faut aider Chang-Kaï-Shek » ;

– *arguments qui fondent la structure du réel :* Ferral a recours à un exemple (« Vous savez ce que sont devenues les actions des sociétés anglaises après la prise de la concession anglaise de Han-Kéou »), auquel s'enchaîne immédiatement la conclusion (inductive) qu'il appelle : « Vous savez ce que deviendra votre situation lorsque des terres, quelles qu'elles soient, auront été légalement arrachées à leurs possesseurs. » On observe que la répétition du verbe « se décider » rend formellement indissociables l'exemple et la conclusion que Ferral en tire : la figure contribue ici de manière centrale à la force de l'argumentation.

Cet ensemble d'arguments permet de rattacher le discours de Ferral au genre *délibératif* (qui répond à la question : que faut-il faire ?).

● **Les preuves subjectives**

– La preuve éthique

Le discours « attique » centré sur le *docere* que nous avons décrit tend à donner de Ferral l'image d'un locuteur énergique et sûr du bien-fondé de la thèse qu'il défend.

L'action, restituée ici par le récit de manière relativement détaillée, y contribue également, aussi bien en ce qui concerne

    – *l'attitude physique du locuteur :* « Ferral ne s'assit pas » ; « Il commença à marcher de long en large, l'épaule en avant » ; « Il ne quittait pas son interlocuteur du regard » ; et surtout « Il lui tendit une boîte de cigarettes », qui représente visiblement un geste d'ouverture destiné à instaurer, face à la « méfiance » redoutée, une certaine proximité entre les interlocuteurs ;

    – que sa *prononciation* proprement dite : la typographie, par le passage à l'italique, restitue à plusieurs reprises l'accentuation particulière de certains termes.

– La preuve pathétique

La prise en compte de l'interlocuteur et de ses émotions éventuelles est tout à fait réelle :

– *du point de vue de l'argumentation :* la personne de l'interlocuteur commande explicitement le choix d'un certain type d'argument, « individuel » (« Il faudrait aussi un argument individuel »), dont la distance par rapport aux croyances propres du sujet-locuteur est clairement posée (« On le disait depuis quelques jours, mais Ferral en doutait ») ;

– *du point de vue de l'élocution :* l'interlocuteur, directement présent dans le discours du locuteur (il est nommé : « monsieur Liou »), détermine le choix d'un certain lexique. Ce travail de l'élocution est explicité par une parenthèse du narrateur (« Ferral ne disait pas : des usuriers »), qui montre qu'il s'agit ici d'éviter un terme péjoratif.

Cette attention précise à l'interlocuteur aboutit à une véritable imprégnation de son discours par celui de Ferral, sensible dans sa *prononciation* : « Retrouvant presque le ton de sa voix dans celui de son interlocuteur, Ferral eut l'impression qu'il le gagnait. » Le pouvoir de l'éloquence est ici figuré comme une lutte d'influence, où le locuteur le plus fort s'approprie totalement, jusque dans ses formes sensibles, le discours de son interlocuteur.

• **La disposition**

Même si le discours de Ferral n'est pas continu, les catégories de la *disposition* classique se prêtent très bien à la description de son organisation. On peut en effet distinguer :

– *un exorde :* constitué par la première réplique qui, à la deuxième personne du pluriel, représente une forme de *captatio benevolentiae,* Ferral donnant comme point de départ à l'entretien la position de son interlocuteur. L'exorde se clôt ensuite par l'énoncé de la thèse défendue par Ferral : « Il faut aider Chang-Kaï-Shek » ;

– *une narration :* constituée par le troisième paragraphe, qui présente un exposé factuel de la « situation actuelle » ;

– *une confirmation :* construite, de manière discontinue, sur une série d'arguments. Outre l'exemple et l'argument « individuel » que nous avons déjà mentionnés, Ferral fait appel successivement à des arguments financier (dans le quatrième paragraphe), politique et social (l'inexistence comme tel du Kuomintang est reliée à la question paysanne), puis militaire, après l'appel téléphonique ;

– *une péroraison :* constituée par la dernière réplique de Ferral.

Se pose dès lors une question simple : comment expliquer cette pertinence apparente des catégories de *la disposition* pour un passage qui ne prétend pas restituer un discours continu ? Pour y répondre, nous ferons appel au genre littéraire dont relève ce texte, le roman, en essayant d'éclairer la position du narrateur.

c. La rhétorique du roman

La Condition humaine est un roman à la troisième personne, pris en charge par un narrateur qui n'appartient pas à l'histoire racontée (on parle de narrateur *hétérodiégétique*). Cela signifie que la rencontre entre Ferral et Liou mêle discours (des personnages), clairement signalé par la typographie (guillemets et tirets), et récit (du narrateur).

Or, on observe dans tout le passage une très grande proximité, et même une homogénéité, entre *l'élocution* de Ferral et celle du narrateur : tous deux privilégient nettement :

– *les constructions binaires,* qui calquent peut-être, dans l'espace de la phrase, la structure oppositionnelle qui définit, dans l'univers diégétique, l'insurrection : « Il y a les bleus et les rouges » ;

– *les phrases brèves :* on relève notamment dans le récit la phrase nominale « Encore le téléphone » ;

– *les figures de répétition :* les polyptotes, en particulier, caractérisent aussi bien le discours de Ferral, l'enchaînement des répliques entre les deux personnages, que le récit du narrateur (« Il lui tendit une boîte de cigarettes. Cette boîte, depuis qu'il avait décidé de ne plus fumer, était toujours ouverte sur son bureau (...) » ; « Si les amis de Liou se décidaient, il faudrait encore lutter ; s'ils ne se décidaient pas, le communisme triompherait sans doute en Chine »).

Cette confusion des voix marque que l'éloquence du personnage est aussi celle du narrateur. Cette identification nous permet de répondre à la question de la *disposition* que nous posions plus haut : l'adéquation plutôt curieuse entre ses catégories et une prise de parole donnée dans l'espace du roman comme discontinue et improvisée peut dans ces conditions être portée au crédit du narrateur, qui assume ici de manière visible sa fonction de régie, c'est-à-dire de conduite et d'organisation du récit.

Pour conclure

Nous revenons pour terminer à la question de l'évidence que nous posions dans l'introduction. Au terme de ce parcours, la simplicité apparente de l'appel à l'évidence apparaît clairement comme un choix rhétorique, tout à fait concerté, qui contribue d'ailleurs à la construction éthique du personnage de Ferral.

Plus généralement, l'adoption d'un style simple et l'importance du *docere* ne constituent en aucun cas un degré zéro de la rhétorique, mais un choix technique et stylistique, parmi d'autres possibles.

Même si Malraux, comme orateur (nous avons commenté au cours de ce livre plusieurs extraits de ses *Oraisons funèbres*), privilégie les grands moyens du style élevé, voire sublime, il met ici en scène de manière tout à fait efficace un *atticisme* dépouillé à l'extrême. Pour reprendre et inverser une formule de Pascal : l'éloquence de Ferral, pas plus que celle de son créateur Malraux, ne se moque certainement pas de la rhétorique.

Corrigés
des exercices

EXERCICE 1, p. 17 : Descartes, *Discours de la méthode*

Descartes a ici recours aux trois types de preuves :

● **la preuve logique,** aussi bien inductive (l'exemple des voyages) que déductive, lorsqu'il est question du pouvoir des livres (« fables » et « histoires »). Cette partie du texte est sous-tendue par un syllogisme du type :
– le possible des livres (historiques ou de fiction) n'est pas celui du réel,
– or certaines personnes font des « fables » et des « histoires » des modèles de vie,
– ces livres peuvent donc être dangereux.

L'organisation logique du discours se marque, du point de vue de l'écriture, par l'emploi de connecteurs argumentatifs : « mais », « car », « outre que ».

● **la preuve éthique :** l'énonciation du discours est assumée par un *je* fermement posé (« mais je croyais »), qui affirme fonder son argumentation sur une expérience personnellement vécue des « livres anciens », d'ailleurs manifestée par la référence aux « extravagances des paladins de nos romans ».

● **la preuve pathétique :** l'appel aux émotions du lecteur passe par le recours à des termes au fort sémantisme (« extravagances »), ainsi que par l'organisation très marquée de la phrase, modelée le plus souvent sur des structures binaires (répétition de « lorsque », « et à leurs histoires et à leurs fables », « ridicule et contre saison », « les plus basses et moins illustres circonstances »).

EXERCICE 1, p. 22 : Molière, *Le Malade imaginaire*, acte II, scène 5

L'éloge paradoxal repose sur une inversion des valeurs. Ici, Diafoirus père fait de traits qui ne témoignent pas d'un génie particulier (le calme, l'« assiduité », le « travail »), ou qui traduisent même des limites intellectuelles importantes (la « lenteur à comprendre », la « pesanteur d'imagination », l'« aveugl[e]ment », la « peine » à apprendre à lire), autant de prétendues preuves de l'envergure exceptionnelle de son fils. Ce renversement des attentes se traduit notamment sur le plan grammatical par l'importance dans l'extrait des négations (« Lorsqu'il était petit, il n'a jamais été ce qu'on appelle mièvre et éveillé », entre bien d'autres exemples).

Le portrait de Thomas reprend par ailleurs les procédés stylistiques habituels de l'éloge :

● **le marquage du haut degré,** par l'emploi de déterminants indéfinis (« tous ces petits jeux », « toutes les peines »), d'adverbes de temps

(« toujours », « jamais »), de superlatifs (« meilleurs ») et de comparatifs (« bien plus malaisément », « bien plus longtemps ») ;

• **le recours aux analogies et comparaisons,** qui élargissent la portée du discours épidictique : « les arbres tardifs sont ceux qui portent les meilleurs fruits ; on grave sur le marbre bien plus malaisément que sur le sable », « il est (…) fort comme un Turc sur ses principes ».

Ces procédés d'amplification aboutissent finalement à une véritable héroïsation du personnage, qui appelle évidemment une réception ironique, aussi bien dans l'espace scénique que de la part du lecteur.

EXERCICE 2, p. 23 : Louise Labé, *Sonnets*, « Ô longs désirs, ô espérances vaines »

Les apostrophes des quatrains (marquées aux vers 1, 5 et 7 par l'interjection « ô ») et les formes au subjonctif du premier tercet rapprochent le sonnet du genre délibératif, qui cherche à peser sur l'action ultérieure du destinataire.

Cependant, le second tercet nie absolument toute possibilité pour l'Amour d'agir à nouveau sur le sujet. Le poème se recentre ainsi sur le *je*, qui devient la figure exemplaire de l'amante souffrante. On peut donc considérer le délibératif comme le genre apparent du sonnet, tandis que l'épidictique définit son projet réel : l'éloge du *moi*, comme figure de l'amante exemplaire.

EXERCICE 1, p. 34 : Abbé Prévost, *Manon Lescaut*

Le plaidoyer de Des Grieux présente une disposition tout à fait classique :

• **l'exorde** (depuis « Ô mon père » jusqu'à « vous aurez pitié de moi ») comporte une *captatio benevolentiae* appuyée : en disant « vous êtes bon, vous aurez pitié de moi », le locuteur affirme la qualité morale de son interlocuteur (« vous être bon »), pour en déduire immédiatement sa réaction à venir (« vous aurez pitié de moi »). Dans un véritable coup de force rhétorique, la réussite du plaidoyer est d'emblée donnée comme acquise.

• **la narration** (jusqu'à « du côté le plus favorable pour nous »), déjà annoncée dans l'exorde (« je veux vous raconter tout »), apparaît sous la forme d'un discours narrativisé (qui *raconte* que des paroles ont été prononcées, sans les restituer) : « je lui fis un récit abrégé ». Ce résumé narratif s'explique par la structure de double destination du passage : le roman consistant dans son ensemble en la confession de Des Grieux à

M. de Renoncour, le plaidoyer ici prononcé s'adresse aussi bien au Supérieur (dans l'espace diégétique[1]) qu'à Renoncour. Or, le récit de ces événements a déjà été entendu, par Renoncour comme par le lecteur : d'où le choix du discours narrativisé, qui permet d'éviter les redites.

• **la confirmation-réfutation** (jusqu'à « de sa propre bouche ») : la réfutation de la position argumentative de G.M. constitue en même temps la preuve de celle de Des Grieux. On peut distinguer plus précisément deux preuves : le décryptage de l'intention véritable de G.M. (la « vengeance »), et l'énoncé d'un fait avéré (il s'agit donc d'une preuve extra-technique), l'incarcération de Manon.

• **la péroraison,** qui fait appel de manière très appuyée à la preuve pathétique. On relèvera notamment, du point de vue stylistique : l'apostrophe (« mon Père »), l'interjection (« ô Ciel »), la répétition de « à l'Hôpital », le marquage du haut degré par le superlatif « la plus infâme de toutes les créatures » et l'adverbe d'intensité *si* (« un si étrange malheur »).

EXERCICE 1, p. 45 : Paul Éluard, « La mort l'amour la vie », *Le Phénix*

On relève notamment dans ce passage

• **des figures de pensée :** l'apostrophe oratoire par laquelle le *je* s'adresse à la femme aimée, et quelques occurrences d'hyperboles (« je me savais démesuré », « j'allais sans fin » par exemple).

• **des figures de répétition :**
– sonore : les assonances (répétitions de sons vocaliques) et allitérations (répétitions de sons consonantiques) sont très nombreuses. En voici quelques exemples : on observe une assonance en [e] à la rime des vers 1 et 2, des allitérations en [r] aux vers 12 et 13. Les participes passés en -*ue* (« venue », « vaincue »), les imparfaits, les noms « amour » et « jours » (vers 16) sont des homéotéleutes (ils ont la même finale).
– lexicale : outre les répétitions des verbes *savoir* et *aller*, on note l'anaphore (reprise en tête de vers) de « Tu es venue » (vers 1 et 5) et le polyptote (répétition d'un terme que l'on fait varier morphologiquement, ici en genre) « premières »/« premiers » (vers 14 et 16).

• **des figures de construction :** on relève en particulier
– les hypozeuxes (parallèles syntaxiques) des vers 2 – deux groupes nominaux sont chacun suivis d'un verbe au passé composé – et 10 : le vers est constitué de la reprise du même schéma syntaxique (groupe nominal sujet, verbe à l'imparfait, complément d'objet direct) ;

---

1. Ou espace de l'histoire racontée. *Diègèsis* signifie « récit », « narration » en grec ancien.

– et les antithèses cosmiques qui parcourent le passage (entre le feu et le froid, l'ombre et les étoiles, la nuit et l'aurore).

• **des figures de sens, ou tropes :** les métaphores sont extrêmement nombreuses, et peuvent concerner aussi bien le nom (« Les *rayons* de tes bras »), l'adjectif (« le repos *ébloui* ») que le verbe (« Le sommeil *ruisselait* de rêves »). Les métaphores verbales, comme souvent, aboutissent à des personnifications (« la nuit//Promettait à l'aurore des regards confiants »). Ces figures font du poème un éloge de la femme aimée aussi bien que de l'amour. L'écriture épidictique repose ici sur un échange entre la femme et le monde : la présence de la femme aimée métamorphose le *je* comme le réel qui l'entoure en même temps que ce réel offre à l'amante ses « premières rosées » et, surtout, fournit au poète le comparant qui permet de la transformer, par la métaphore, en une source de lumière (« Les rayons de tes bras »).

EXERCICE, p. 58 : Corneille, *Cinna*, acte IV, scène 3

• **Le genre du discours :** la tirade de Livie, parce qu'elle cherche à persuader Auguste de répondre à la conjuration de Cinna par la « clémence » (vers 12), relève du genre délibératif.

• **Les modes de raisonnement utilisés :** il s'agit d'abord

– de l'induction : Livie appuie son argumentation sur une série d'exemples historiques (vers 4 à 7), qui appellent une conclusion du type « la répression sévère des rébellions est totalement inefficace », déjà formulée au vers 3, avant même l'énoncé de la liste, sous la forme d'une sentence : « Par les peines d'un autre aucun ne s'intimide ».

– puis de la déduction : l'argument de l'« util[ité] » avancé au vers 14 est modelé sur le lieu des contraires : « Sa peine peut aigrir une ville animée,// Son pardon peut servir à votre renommée ».

EXERCICE 1, p. 66 : Abbé Prévost, *Manon Lescaut*

Cet extrait, en mêlant discours direct (au début et à la fin), discours indirect (introduit par « je lui fis entendre nettement que ») et discours narrativisé (« je lui parlai de ma passion avec toute la force qu'elle m'inspirait », « je lui fis une vive peinture… »), superpose la voix de Des Grieux faisant le récit de ses aventures à Renoncour à celle du jeune homme qu'il a été. Le passage parvient ainsi à mener de front deux tentatives de persuasion, l'une diégétique (visant Tiberge) et l'autre extra-diégétique (visant Renoncour).

Dans les deux cas, le texte privilégie nettement les preuves subjectives (*ethos* et *pathos*) :

• **la preuve éthique :** face à ses deux interlocuteurs (diégétique et extra-diégétique), Des Grieux adopte la même stratégie : emporter l'adhésion en donnant de soi une image de franchise. D'une part, dans la citation au discours direct des paroles adressées à Tiberge, le locuteur n'hésite pas à faire l'aveu gênant de sa « honte ». D'autre part, dans le discours spécifiquement adressé à Renoncour (discours narrativisé), il met en avant l'honnêteté du rapport fait à Tiberge (« loin d'altérer quelque chose à la vérité ou de diminuer mes fautes pour les faire trouver plus excusables, je lui parlai de ma passion avec toute la force qu'elle m'inspirait »), et ne recule pas devant l'aveu de son embarras quant à l'objet réel de son discours (« Je n'osais lui déclarer que c'était de sa bourse que j'avais besoin »).

• **la preuve pathétique :** outre la présence de traits d'oralité dans le discours direct (interjection « hélas », apostrophe « mon cher Tiberge »), elle repose essentiellement, du point de vue diégétique aussi bien qu'extra-diégétique, sur le marquage du haut degré. On relève notamment, dans le passage au discours indirect, une accumulation de superlatifs et comparatifs : « je lui fis entendre nettement que c'était cette séparation même que je regardais comme la plus grande de mes infortunes, et que j'étais disposé à souffrir non seulement le dernier excès de la misère, mais la mort même la plus cruelle, avant que de recevoir un remède plus insupportable que tous mes maux ensemble. » C'est bien l'« excès », mentionné dans le passage, que signifient ces quelques lignes, le terme répondant d'ailleurs, sous la forme d'une dérivation, à la compassion « excessive » de Tiberge (dans le fragment au discours direct). Ce marquage du haut degré se retrouve au même titre dans le discours narrativisé (emploi du déterminant indéfini « toute », choix de termes au sémantisme fort, comme « ruine », « misérable » ou « désespoir »).

Dans l'espace diégétique, la preuve pathétique s'appuie également sur l'action oratoire, constituée ici par un « soupir parti du fond du cœur ».

Le récit est là pour témoigner de la persuasion effectivement réussie par le discours de Des Grieux : « enfin, j'attendris tellement le bon Tiberge, que je le vis aussi affligé par la compassion que je l'étais par le sentiment de mes peines. »

Un tel passage témoigne du discrédit moral dans lequel peut être tenue la rhétorique en ce début du XVIIIe siècle : le discours persuasif est ici au service d'une demande d'argent, qui se trouve en totale contradiction avec la *doxa* morale. Tiberge l'exprime sans ambiguïté : pour lui, l'efficacité persuasive du discours de Des Grieux équivaut à un renoncement à ce qu'il estime être son « devoir ».

EXERCICE 1, p. 71 : Mirabeau, « Ier discours sur la Déclaration des droits de l'homme »

• **Le genre du discours :** ce discours appartient au genre judiciaire. Il a en effet pour objet de défendre la rédaction de la déclaration des droits de l'homme présentée à l'Assemblée constituante.

• **La disposition :**
– l'exorde (jusqu'à « et non par les raisonnements ») consiste en une définition de la nature d'une déclaration des droits de l'homme, articulée autour de trois idées essentielles : la généralité d'une telle déclaration, la difficulté de l'entreprise dans les circonstances d'alors, et son utilité ;
– la narration (jusqu'à « qu'on se propose de lui enseigner ») évoque brièvement le travail des rédacteurs et le principe qui l'a guidé ;
– la confirmation occupe les trois paragraphes suivants (jusqu'à « une déclaration de guerre aux tyrans », nous en examinerons les preuves plus bas) ;
– la péroraison met en œuvre une *captatio benevolentiae* très marquée, fondée sur la dévalorisation du projet présenté (on peut parler d'une figure de chleuasme), « nous ne vous offrons qu'un très faible essai que vous améliorerez sans doute », et se clôt sur une formule bien frappée, en forme de sentence (« le véritable courage de la sagesse consiste à garder, dans le bien même, un juste milieu »).

• **Les types de preuves utilisés :**
– la preuve logique : l'argumentation de Mirabeau est d'abord déductive, et clairement organisée comme telle par un certain nombre de connecteurs (« comme », « mais »). La tournure impersonnelle « il s'ensuit que » introduit un argument construit selon le lieu du plus et du moins, ici fondé sur la « proportion » posée entre l'intelligibilité de la déclaration et sa proximité des « raisonnements » quotidiens. L'argumentation est ensuite inductive, lorsqu'elle fait appel à l'exemple américain.

On observe également l'intervention dans l'exorde de l'argument quasi-logique du nombre (Perelman) : « lorsqu'il s'agit de le composer en *trois* jours, d'après *vingt* projets de déclarations ».
– la preuve éthique : elle repose essentiellement sur l'effacement du locuteur de son propre discours. Le pronom *je* disparaît au profit du *nous* : Mirabeau, figure controversée, cherche à emporter la conviction de l'Assemblée en s'absentant de son discours, signifiant ainsi grammaticalement son abnégation totale, au service de l'« util[ité] » commune.

– la preuve pathétique : l'appel aux émotions de l'auditoire s'appuie surtout sur les figures de répétition (l'hypozeuxe « il l'est davantage/enfin, lorsque », renforcée par l'anaphore de « il l'est », les assonances et allitérations, par exemple l'allitération en [p] de « un peuple préparé à la liberté par l'impression des faits ») et les balancements binaires, extrêmement nombreux, qui opposent deux pôles fortement caractérisés : « par l'impression des faits, *et non* par les raisonnements » ; « *non* ce qu'on a étudié dans les livres ou dans les méditations abstraites, *mais* ce qu'il a lui-même éprouvé ; en sorte que la Déclaration des droits, dont une association politique ne doit jamais s'écarter, soit *plutôt* le langage qu'il tiendrait s'il avait l'habitude d'exprimer ses idées, *qu'*une science qu'on se propose de lui enseigner » ; « la liberté ne fut *jamais* le fruit d'une doctrine travaillée en déductions philosophiques, *mais* de l'expérience de tous les jours et des raisonnements simples que les faits excitent » ; « jusqu'à faire *moins* une déclaration des droits de l'homme, *qu'*une déclaration de guerre aux tyrans ».

EXERCICE 1, p. 79 : Victor Hugo, *Les Misérables,* chap. IX

Champmathieu, pris pour l'ancien forçat Jean Valjean et accusé d'un vol de pommes, risque une condamnation aux travaux forcés à perpétuité. Le procès entre ici dans sa phase finale : le réquisitoire de l'avocat général, après la plaidoirie du défenseur.

Hugo offre en somme dans ce chapitre une petite collection de morceaux représentatifs de l'éloquence judiciaire du temps (« Il fut violent et fleuri, comme sont habituellement les avocats généraux »). Le caractère réflexif du texte se trouve de fait très marqué : on y relève un certain nombre de termes techniques (en particulier « antonomase », qui désigne une figure reposant sur un transfert entre nom propre et nom commun, du type « un Tartuffe », « éloquence judiciaire », « mouvement oratoire », « énergique », que les guillemets signalent explicitement comme un terme technique).

Cette représentation du discours judiciaire est extrêmement ironique (« dans un mouvement oratoire fait pour exciter au plus haut point le lendemain matin l'enthousiasme du Journal de la Préfecture »), dans une critique qui se fonde sur deux reproches principaux : l'éloquence de l'avocat général est essentiellement pathétique, et stéréotypée.

• **Le pathétique :** seule la péroraison du discours est rapportée, quoique partiellement (elle est hachée par les *etc*), au discours direct. Elle manifeste, du point de vue de l'élocution, un style élevé et pathétique (voir notamment l'apostrophe finale, les nombreuses figures de répétition), tout à fait attendu dans cette partie de conclusion. On peut donc supposer que, si la péroraison est la seule partie du réquisitoire à être restituée au discours direct, c'est justement parce que Hugo cherche à réduire l'éloquence de l'avocat général au pathétique.

• **Les stéréotypes :** les *etc.*, en marquant la place des éléments types du réquisitoire, contribuent fortement à la dévalorisation du discours. Ces coupures, en le présentant comme totalement stéréotypé, expliquent que l'avocat général n'ait droit au discours direct que par morceaux : il est à peu près totalement dépourvu de voix propre à faire entendre.

Glossaire

Action : prononciation effective d'un discours.

Allocution oratoire : figure qui consiste en ce que l'orateur s'adresse à un interlocuteur absent.

Anaphore (rhétorique) : répétition d'un mot ou d'un groupe de mots, en tête de groupe syntaxique ou métrique.

Antilogie : confrontation d'arguments contraires.

Aptum : voir *decorum*.

Artificielle (preuve) : voir *technique*.

Bas (style) : style clair et simple (celui du *docere*).

Captatio benevolentiae : le fait de s'attirer la bienveillance de l'auditoire (finalité de l'exorde).

Chiasme : figure de construction qui réalise une structure en miroir (ABBA).

Chleuasme : figure qui consiste pour le locuteur à se dénigrer lui-même.

Confirmation : troisième partie du plan-type du discours judiciaire, consacrée à l'argumentation en faveur de la thèse défendue.

Conjectural (état de cause) : dans ce cas, l'existence du fait discuté est à débattre.

Copia : terme latin signifiant « abondance ».

Déclamation : discours fictif, au sens où sa composition n'est pas liée à un événement institutionnel effectif (procès, débat politique).

Decorum : convenance de l'élocution du discours à son genre, au sujet traité, à la nature de ses différentes parties.

Déduction : mode de raisonnement où la conclusion est obtenue par inférences logiques (on passe d'une proposition à l'autre en vertu de liens logiques).

Définitionnel (état de cause) : dans ce cas, le nom à donner au fait discuté est à débattre.

Delectare : verbe latin signifiant « plaire », qui définit le deuxième devoir de l'orateur.

Délibératif (genre) : genre du discours politique (visant à prendre une décision utile à la cité).

Dérivation : figure consistant à utiliser dans un même passage des termes de la même famille morphologique.

Diégèse : histoire racontée.

Diégétique : qui relève de l'univers de la fiction (de l'histoire racontée).

Disposition : mise en ordre des arguments d'un discours.

Docere : verbe latin signifiant « instruire », « expliquer », qui définit le premier devoir de l'orateur.

Élevé (style) : style très travaillé et orné, propre au *movere*.

Élocution : rédaction d'un discours.

Éloquence : capacité du discours à emporter l'assentiment de l'auditoire. L'éloquence ne suppose pas nécessairement la maîtrise d'une *technique* rhétorique.

Endoxale (prémisse) : prémisse vraisemblable. L'enthymème se fonde sur des prémisses endoxales.

Enargeia : voir *evidentia*.

Enthymème : déduction rhétorique. L'enthymème se définit par le caractère vraisemblable de ses prémisses.

Épidictique (genre) : genre rhétorique recouvrant les discours d'éloge et de blâme.

État de cause : point à débattre.

Éthique (preuve) : preuve fondée sur l'image que le discours donne de son locuteur.

Evidentia : vivacité, relief du discours, qui lui donnent une qualité de présence immédiate.

Excusatio propter infirmitatem : *topos* de l'exorde où l'orateur s'excuse de son insuffisance.

Exemple : induction rhétorique.

Exorde : première partie du plan-type du discours judiciaire. L'exorde a pour but d'exposer la thèse défendue, et de gagner la bienveillance de l'auditoire.

Extra-diégétique : qui ne relève pas de l'univers de la fiction (de l'histoire racontée).

Extra-technique (preuve) : preuve non construite par l'orateur.

Extrinsèque (preuve) : voir *extra-technique*.

Herméneutique : théorie de l'interprétation. Employé comme adjectif, le terme renvoie à ce qui a trait à l'interprétation.

Hypothèse : cas particulier traité par un discours.

Hyperbole : rallonge expressive de la phrase

Hypotypose : figure de suggestion visuelle, qui cherche à produire chez l'auditeur/lecteur l'impression d'une présence actuelle des objets du discours.

Induction : mode de raisonnement où la conclusion est obtenue à partir de la considération d'un certain nombre d'exemples.

Intrinsèque (preuve) : voir *technique*.

In utramque partem (argumentation) : expression latine signifiant «pour l'une et l'autre partie», qui désigne une argumentation réversible (accessible à l'accusation aussi bien qu'à la défense).

Invention : découverte des arguments d'un discours.

Judiciaire (genre) : genre rhétorique recouvrant les discours d'accusation et de défense.

Légal (état de cause) : dans ce cas, l'interprétation des textes de loi en relation avec le fait discuté est à débattre.

Lieu : type formel d'argument.

Lieu commun : lieu commun aux trois genres rhétoriques.

Lieu propre (ou spécifique) : lieu propre à l'un des genres rhétoriques.

Logique (preuve) : preuve fondée sur l'argumentation de l'orateur.

Mémoire : techniques de mémorisation d'un discours.

Métonymie : figure qui consiste à désigner un référent par un autre qui lui est contigu.

Movere : verbe latin signifiant « émouvoir », qui définit le troisième devoir de l'orateur.

Moyen (style) : style travaillé, plus orné que le style simple. Associé par Cicéron au *delectare*.

Narration : deuxième partie du plan-type du discours judiciaire, consacrée à l'exposé des faits.

Naturelle (preuve) : voir *extra-technique*.

Nestorien (ordre) : organisation des arguments consistant à placer les plus faibles au centre de la confirmation.

Paronomase : mise en relation de termes phonétiquement presque identiques.

Pathétique (preuve) : preuve fondée sur les émotions que le discours suscite chez ses auditeurs.

Performatif : énoncé dont le référent est constitué par le fait même de son énonciation.

Péroraison : cinquième partie, conclusive, du plan-type du discours judiciaire. La péroraison a pour but de récapituler l'argumentation suivie, et de faire appel aux émotions de l'auditoire.

Polyptote : répétition d'un terme que l'on fait varier morphologiquement.

Prémisse : assertion dont l'orateur suppose que son auditoire la tient pour vraie. Les prémisses constituent le point de départ de l'argumentation.

Prétérition : figure qui consiste à feindre de ne pas dire ce qu'on dit pourtant très clairement.

Prosopopée : figure qui consiste à attribuer un discours fictif à un être absent, mort, inanimé ou abstrait.

Qualificatif (état de cause) : dans ce cas, la catégorie à laquelle appartient le fait discuté est à débattre.

Réfutation : quatrième partie du discours judiciaire, consacrée à la destruction des arguments adverses. Se trouve souvent, dans les faits, regroupée avec la confirmation.

Simple (style) : voir *bas*.

Syllepse : figure qui consiste à employer un terme unique en un double, voire un triple, sens.

Technique (preuve) : preuve construite par l'orateur.

Tekmèrion : signe irréfutable (parce que signe de sa cause) qui peut servir de prémisse à un enthymème.

Thèse : question générale traitée par un discours.

Bibliographie

I. Sources historiques

A. Antiquité

Aristote, *Rhétorique*, Le Livre de Poche, 1991.

Cicéron, *L'Orateur*, Les Belles Lettres, 1964.

Cicéron, *De l'orateur*, Les Belles Lettres, 1950.

Longin, *Du sublime*, édition de Jackie Pigeaud, Rivages, 1991 ; édition de Francis Goyet, Le Livre de poche, 1995. Ces éditions ont des mérites complémentaires : Jackie Pigeaud propose une traduction remarquable, précédée d'une présentation un peu rapide, alors que Francis Goyet reprend, avec quelques corrections, la traduction de Boileau, mais développe dans son introduction et dans ses notes une réflexion extrêmement détaillée, et passionnante, sur la notion de sublime.

Quintilien, *Institution oratoire*, Les Belles Lettres, 1975-1980, sept tomes.

Rhétorique à Hérennius, Les Belles Lettres, 1989.

B. Renaissance, âge classique

Goyet Francis (éd.), *Traités de poétique et de rhétorique de la Renaissance*, Le Livre de poche, 1990.

Lamy Bernard, *La Rhétorique ou l'Art de parler* (1688), édition de Benoît Timmermans, PUF, 1998.

II. Ouvrages généraux

Amossy Ruth, *L'Argumentation dans le discours. Discours politique, littérature d'idées, fiction*, Nathan, 2000. Une bonne synthèse sur la question.

Argumentation et Rhétorique, vol. I, *Hermès*, n. 15, 1995. Voir en particulier l'article de Francis Wolff, « Trois techniques de vérité dans la Grèce classique. Aristote et l'argumentation ».

Dandrey Patrick, *L'Éloge paradoxal de Gorgias à Molière*, PUF, 1997.

Declercq Gilles, *L'Art d'argumenter. Structures rhétoriques et littéraires*, Éditions Universitaires, 1992. Ouvrage fondamental sur le sujet.

Gardes-Tamine Joëlle, *La Rhétorique*, Armand Colin, 1995.

Molinié Georges, *Dictionnaire de rhétorique*, Le Livre de poche, 1992.

Perelman Chaïm, *L'Empire rhétorique. Rhétorique et argumentation*, Vrin, 1977. Une synthèse accessible de la pensée de Perelman.

III. Les parties de la rhétorique

Amossy Ruth, *Les Idées reçues. Sémiologie du stéréotype*, Nathan, 1991.

Amossy Ruth et Herschberg Pierrot (Anne), *Stéréotypes et Clichés. Langue, discours, société*, Nathan, coll. « 128 », 1997. Ces deux ouvrages sont consacrés à l'étude des lieux communs au sens moderne de l'expression.

Curtius Ernst Robert, *La Littérature européenne et le Moyen Âge latin*, Presses Pocket, 1991 (édition originale : 1947). Un ouvrage toujours passionnant sur l'histoire de la littérature européenne. Trois chapitres sont plus spécifiquement consacrés à l'importance de la rhétorique dans cette histoire.

Fromilhague Catherine, *Les Figures de style*, Nathan, coll. « 128 », 1995. Très utile pour travailler cette question difficile.

Goyet Francis, *Le Sublime du « lieu commun ». L'Invention rhétorique dans l'Antiquité et à la Renaissance*, Champion, 1996. L'ouvrage fondamental sur la question des lieux : à consulter. Sur les répertoires de « lieux communs » de la Renaissance, l'ouvrage de référence est en anglais : Ann Moss, *Printed Commonplace-Books and the Structuring of Renaissance Thought*, Oxford, Clarendon Press, 1996.

Yates Frances, *L'Art de la mémoire*, Gallimard, 1975. L'ouvrage de référence sur la question.

IV. Histoire de la rhétorique

Breton Philippe et Gauthier (Gilles), *Histoire des théories de l'argumentation*, La Découverte, 2000. Ouvrage clair et synthétique qui présente, pour la période contemporaine, l'essentiel des travaux publiés aussi bien en anglais qu'en français sur la question.

Desbordes Françoise, *La Rhétorique antique*, Hachette, 1996. Ouvrage essentiel sur le sujet, toujours clair dans son exposé.

DETIENNE Marcel, *Les Maîtres de vérité dans la Grèce archaïque*, Presses Pocket, 1994 (édition originale : 1967). Un ouvrage central pour comprendre les enjeux de la naissance de la rhétorique.

DOUAY-SOUBLIN Françoise, « Non, la rhétorique française, au XVIIIᵉ siècle, n'est pas "restreinte" aux tropes », *Histoire, Épistémologie, Langage*, vol. XII, n. 1, 1990. Une mise au point limpide sur une question longtemps mal comprise.

FUMAROLI Marc, *L'Âge de l'éloquence. Rhétorique et « res litteraria » de la Renaissance au seuil de l'époque classique*, Albin Michel, 1994.

FUMAROLI Marc (éd.), *Histoire de la rhétorique dans l'Europe moderne, 1450-1950*, PUF, 1999. Un ouvrage collectif de référence, à consulter en bibliothèque.

LECOINTE Jean, *L'Idéal et la Différence. La Perception de la personnalité littéraire à la Renaissance*, Genève, Droz, 1993. Sur la naissance de l'idée de style personnel.

MOSSÉ Claude, *Les Institutions politiques grecques à l'époque classique*, Armand Colin, 1967. Un ouvrage très clair qui permet de replacer dans son contexte politique et social la pratique grecque de la rhétorique.

PERNOT Laurent, *La Rhétorique dans l'Antiquité*, Le Livre de poche, 2000. Une synthèse remarquable, à lire absolument.

Achevé d'imprimer par Hérissey - N° d'impression : 96411
Dépôt légal : 44947/03/2004 - Collection n° 29 - Édition n° 02
14/5453/7